康德四論

朱高正著

臺灣 學生書局 印行

§. 1.

康德手稿

自　序

　　一九九九年筆者應北京大學之邀，前往北大講授「康德法權及國家哲學導論」，聽講學生多爲來自哲學、法律及政治系之研究生。本書《康德四論》即爲在北大授課期間逐次整理出來的四篇康德哲學論文，其中第一篇〈康德批判哲學的啓蒙意義〉已發表在九九年七月號的《哲學研究》（大陸），第四篇〈康德的國家哲學〉則以〈永久和平與外在自由——康德國家哲學要義〉之名刊載在九九年十一月與十二月兩期的《鵝湖》（臺灣）。

　　一九八八年筆者在政務倥傯之際，得以有三個月的時間前往德國波恩大學從事博士後研究，將八五年的原博士論文略予刪改，終能於一九九〇年在德國正式出版《Kants Lehre vom Menschenrecht und von den staatsbuergerlichen Grundrechten》（《康德的人權與基本公民權學說》）一書。該書出版承蒙「阿登納基金會」（Adenauer Stiftung）資助，出版後基金會負責人認爲該書對統一後德東地區的民主重建與「社會法治國家」（Sozialer Rechtsstaat）的建設大有助益，因此率先採購四百

冊分贈德東地區各大學及研究機構,其隆情高誼,令人感佩。
爾後,奧地利學者卡瓦拉(Georg Cavallar)也在「維也納促
進學術研究基金會」資助下,針對拙作撰述書評,並刊載於
全球最具權威之哲學專業雜誌《康德研究季刊》(一九九二年
第二季)。該書評高度評價拙作對康德法權哲學研究之貢獻,
並將該書列為研究康德法權哲學四本必備著作之一(詳見本書
附錄)。

此外,一九九六年英文劍橋版之《哲學史名著譯叢》
(Cambridge, Texts in the History of Philosophy)出版康德法
權哲學主要著作《道德形而上學》之英譯本,由瑪麗・葛雷
格教授(Prof. Mary Gregor)編譯。在該書的導論中,拙作
與耶賓浩斯(Julius Ebbinghaus)的作品被推崇為研究康德法
權哲學「特別有益」(especially helpful)的歐洲著作。

筆者自一九八五年秋返臺,隨即投入臺灣的政治改革運
動:一方面反對國民黨一黨專政,另一方面則堅持中國統一、
反對臺獨。其中的執著很難說沒受到康德哲學的影響。自從
八七年進入立法院擔任立委之後,先是為了推動國會全面改
選,後是為了反對臺獨,歷經政治風暴,不免荒廢所學。還
好,八八年猶能騰空三個月前往母校做博士後研究,才有《康
德的人權與基本公民權學說》的問世。一九九四年在歐洲舉
行「法治國家與人權」(Rechtsstaat und Menschenrecht)研
討會時,邀集全球在這個領域拔尖的二十五位學者與會,筆

者正因爲《康德的人權與基本公民權學說》而有幸成爲唯一
獲邀的黃種人。一九九九年一月底筆者卸下立委職務後，能
有機會前往北大講授康德，並趁機將授課內容整理爲一本比
較系統且全面性介紹康德法權哲學的著作，總算不負所學。

其實，康德哲學在中國流傳也有近百年的歷史，梁啓超
早在一九〇三年即發表〈近世第一大哲康德之學說〉。其後，
張君勱留學日本期間，受到梁啓超的資助與鼓勵，先是留意
當代歐洲社會主義思潮，後則負笈德國，攻讀康德。歐戰之
後，梁啓超赴歐考察，即由張君勱陪同，《歐遊心影錄》一
書就留有張君勱的身影。一九二三年張君勱所引發的「科玄
論戰」，正是張君勱受到康德批判哲學的影響，對五四以來
流行的科學主義、社會達爾文主義以及放任的自由主義所做
的批判。

牟宗三早年擔任張君勱的秘書，他對西方哲學的理解當
得益於張君勱的啓迪。康德哲學近二、三十年在臺灣成爲顯
學，與牟宗三大力倡導不無關連。牟宗三雖不諳德文，卻能
獨力將三大批判自英譯本再轉譯爲中文，這種毅力不得不叫
人佩服。而牟門子弟大多出身中文系，無法直接閱讀康德原
典，只能經由牟宗三的譯本來研究康德，不可不謂爲一大缺
憾。然牟宗三極力推崇《純粹理性批判》（1781），《實踐
理性批判》（1788）與《判斷力批判》（1790），甚至有將
這三大批判絕對化的態勢，這種治學精神似與批判哲學有所

出入。康德哲學貴在批判，而非樹立權威；貴在提倡新方法，而非提出新主張。新儒家長年希冀「內聖而外王」，殊不知在三大批判之中永遠開不出「外王」之道。

三大批判誠然是康德批判哲學最具代表性的著作，康德的批判哲學、先驗哲學就是藉著三大批判建立起來的。但康德的哲學體系一般區分爲理論哲學與實踐哲學，後者又區分爲倫理學與法權哲學。而法權哲學又區分爲自然狀態與國家狀態的法權哲學，前者稱爲自然法學，後者稱爲國家哲學。有關「外王」的學說，即集中在法權哲學。而康德有關法權哲學的主要著作幾乎都出版在一七八九年法國大革命之後，尤其是在一七九三年元月法王路易十六被送上斷頭臺之後。康德有關國家正當性依據以及「革命權」的討論都是圍繞著法國大革命而來。康德法權哲學的專著《道德形而上學》上卷——《法學的形而上學原理》——即出版於一七九七年，這也是康德生前除了三大批判外最重要的著作。

本書第一篇即綜論康德哲學，第二篇論述康德實踐哲學，第三篇爲康德的自然法學，第四篇爲康德的國家哲學。第一、二兩篇爲第三、四兩篇的基礎，後兩篇則是到目前爲止在中文世界有關康德「外王」之道較爲系統與完整的論述。此外，在附錄中也收入何兆武先生爲本書所寫的跋——〈批判哲學與哲學的批判〉，簡要地回顧了近百年來康德研究在中國大陸的發展。最後，筆者要感謝臺灣學生書局出版本書，

希望本書的出版對臺灣社會重建民主有所助益、對大陸建設
「社會主義法治國家」有所助益、對補足國內康德研究的空
缺也有所助益。

康　德　四　論

目　　錄

康德的實踐哲學--- **41**

康德的自然法學--- **75**

康德的國家哲學 -- **113**

附　錄

· 康德四論 ·

康德批判哲學的啓蒙意義

　　一九一九年的五四新文化運動是中國現代化進程的一個轉捩點。熱血澎湃的知識青年基於救亡圖存的悲願，高喊「科學」與「民主」的口號，希望在中國推動一場全面的思想啓蒙運動。然而，這種素樸的啓蒙理想在內憂外患紛至沓來的危急情境下，並沒有舒緩從容操作的空間。救亡的急切往往使得「五四」人物在理性思辨上只重視其效用，而忽略其本義。尤其在「全盤西化」、「打倒孔家店」的口號下，激情的衝動取代了理性的思考，「五四」終於成爲一場「未完成的啓蒙運動」。今年正值「五四」八十周年，筆者期盼出現一個理性的轉折。在改革開放二十年後的今天，在「建設有中國特色的社會主義」、「社會主義市場經濟體制」與「社會主義初級階段」等提法成爲新一波的潮流之際，我們面對西方文明和中國傳統文化的態度理應重新評估，對於科學與民主的內涵也應該深入理解，亦即以更大的自信來賡續那場「未完成的啓蒙運動」。

　　一九九〇年，臺灣大學學生會舉辦五四紀念會，筆者應邀就〈文化主體意識的重建〉發表專題講演，對五四以來普遍存在於我國當代菁英階層的文化意識，提出綱領性的批判。近百年來，我國菁英階層的文化意識一直徘徊在「西化」與「虛無」之間。一方面將西方（歐美或蘇聯）過度美化與理想化，彷彿西方即是我們未來的理想。另一方面則與自身的歷史文化傳統割裂，茫然無根，文化主體意識蕩然無存。去年的「五四」正值北京大學一百周年校慶，筆者撰寫〈民主、科學與愛國主義的當代意義——從五四看臺灣的過去、現在與未來〉一文，再度強調「重建文化主體意識」的重要性，並就「五四」的口號——「科學」、「民主」的內涵詳加探討，賦予當代的、現實的意義。今年又值「五四」八十周年，筆者想再次呼籲每一位關心中國現代化的知識分子，以「重建文化主體意識」爲基礎，推動一場「思想再啓蒙運動」，把「五四」未完成的事業繼續下去！

重建文化主體意識

　　所謂「文化主體意識」是指一個民族自覺到其所擁有的歷史傳統爲其所獨有的，並對此歷史傳統不斷做有意識的省察，優越之處則發揚光大，不足之處則奮力加強，缺失之處則力求改進。也就是對自己的民族文化重新予以認識，從而

接受傳統、承認傳統爲我們所自有、獨有、固有的，進而批判傳統、超越傳統，從而創新傳統。惟有確立文化主體意識，立大根大本於傳統，才有眞正的文化自由創造可言。缺乏文化主體意識，脫離了傳統，任何創造的發生都只是偶然，稍縱即逝。其實，吾人可以藉由個人人格自由發展的意義來了解民族文化自由創造的眞諦。因爲民族作爲一個文化創造的整體，其文化的自由創造即相當於個人人格的自由發展。對個人來說，「自由」可以從時間的三個向度（即過去、現在與未來）來理解。「過去」若從時間序列來看，是已被決定的；但若從個人實踐自由的角度來看，「過去」則應理解爲「已實踐的自由」，「現在」是「正在實踐中的自由」，「未來」則是「尙待實踐的自由」。惟有站在對「過去」負責的基礎上，人格的自由發展才有可能。一個不對自己的「過去」負責的人，無異於否認「過去」是自己「已實踐的自由」。一個對「過去」不能（或不願）負責的人，我們怎麼期待他獨立自主地對「現在」做出決定，對「未來」做出承諾？人格的自由發展必然是奠基於對道德主體本身的「過去」的不斷反省、檢討、批判和重新評價之上。從自己的「過去」自我學習，吸取教訓，這種「過去」才是鮮活的、有新義的，也才能不斷影響現在的決定和對未來的規劃。對整個民族而言，「過去」即是該民族的傳統文化。一個民族的文化自由創造也必然是奠基於對自身傳統文化的不斷反省、檢討、批判和

重新評價之上。易言之，我們絕不僅僅是傳統文化的承襲者
而已，我們更肩負著檢討、批判、創新文化的責任；我們不
只是被動地、無意識地承受傳統文化的「客體」而已，我們
更是重新評價傳統文化，進而創新傳統文化的「主體」。如
此的傳統才是活的傳統，如此對「過去」負責的文化創造，
才是真正的文化自由創造。而這一切都得從喚醒全民族有意
識地接受、有意識地承認我們傳統文化之為我們所自有、獨
有、固有的做起。

　　一個具有文化主體意識的民族，知道面臨問題時，如何
衡量客觀的條件和主觀的能力，知道審時度勢，深入大環境，
而後將問題加以解決。近百年來，特別是「五四」以來，我
們的文化主體意識淡薄了，因為輕視傳統，甚且否定傳統，
對傳統失去了回顧與反省的能力，以致面臨問題時，不知何
所適從，遑遑如喪家之犬。直到改革開放以來，在振興中華
的號召下，隨著經濟上創造出傲人的成就，民族的自信心與
自尊心才逐漸恢復。其實，追求現代化不能脫離傳統，全世
界沒有一個國家可以徹底否定自己文化傳統而能完成現代化
的。由此可見，文化主體意識的重建，不僅決定了改革開放
事業的成敗，更決定了中國全方位現代化的目標能否達成。
今天要在中國推動一場「思想再啟蒙運動」，就必須以「重
建文化主體意識」為基礎。一旦具有文化主體意識，我們就
能夠以一獨立自主的文化系統，與西方文明展開平等而積極

的互動與對話。對於古代和近代以來的傳統，我們既不輕忽，也不誇大；對於西方，我們既不盲從，也不漠視。一切都是透過具體的了解和理性的分析，如實地評估西方的各種思想與制度，進而有方向、有步驟、有重點地吸納，而非囫圇吞棗、人云亦云地跟進。而康德的批判哲學就是處於「思想再啟蒙運動」中的我們必須重點吸納的對象。要了解現代西方文明，不能不研究康德哲學，因為康德哲學是近現代西方哲學的主流。此外，要了解科學與民主的真諦，也不能不研究康德哲學，因為正是經過康德哲學的淬煉，科學與民主才獲得了更深刻的理論內涵與更精緻的表現形式。易言之，如果想要完成一場成功的「思想再啟蒙運動」，康德哲學可以引領我們避開許多誤區、陷阱，不讓我們重犯歷史的錯誤，以最有效的方式直達啟蒙的目標。

思想再啟蒙運動

康德（Immanuel Kant, 1724-1804）是西方最傑出的哲學家之一，他的思想對近現代哲學的影響也最大。康德所處的時代正是啟蒙運動時代，他的哲學標幟著啟蒙運動理智上成就的高峰。啟蒙運動針對當時天主教會的教條主義與封建王權的專制主義提出強有力的抨擊，是歐陸文化史上最活躍、最具衝擊力的知識分子自覺運動。他們先是摒棄了傳統的束

縛，在各個學術領域裡運用新的研究方法，獲得前所未有的成就。繼而更進一步對當時的社會、文化進行全面的反省與批判，影響所及，扭轉了整個歷史發展的軌跡，歐洲就是經由啓蒙運動而進入近現代社會的。康德本身不僅是歐陸啓蒙運動的健將，更改造並提升了整個啓蒙運動的水平。《開放的社會及其敵人》一書的作者卡爾·波普（Karl R. Popper）在康德逝世一百五十周年時發表紀念專文：〈作爲啓蒙運動哲學家的康德〉，將康德定位爲啓蒙運動的導師。

在過去很長的一段時期裡，極左思潮把馬克思主義奉爲最後的眞理與絕對的權威。其實，世界上沒有最後的眞理，也不存在絕對的權威。將馬克思主義絕對化，使其成爲教條主義，本身即違反馬克思主義的根本原則。幸而自十一屆三中全會以來，推動改革開放的主政者一再強調解放思想、實事求是與獨立思考，希望中國能盡快脫離極左教條主義的束縛。其實，中國是由「半封建、半殖民社會」，在革命成功後而進入「新民主主義」階段。在這個階段，資本主義得到發展，但時間不長，就直接進入社會主義革命階段。然而，近現代社會的特質（尤其是人格特質）大多是在「資本主義社會」時期萌芽、茁壯的。不可否認，要完成中國現代化事業，就得正視這個事實，解放思想、實事求是，而其前提則是獨立思考。在哲學史上，提倡獨立思考最力的、對近現代社會特質的形成影響最大的，恐非康德莫屬。爲了加速中國現代化

的進程，單單由上而下提倡解放思想、實事求是是不夠的，我們更需要知識分子基於自覺，推動一場由下而上的啓蒙運動，使獨立思考內化到每個知識分子，甚至每個國民之中，讓大家從盲從、守舊之中解放出來，從這個角度來看，改革開放的中國無疑亟需加強對康德哲學的研究。

「獨立思考」（Selbstdenken）是康德啓蒙思想的核心概念。一七八四年康德發表〈答覆這個問題：何謂啓蒙運動？〉一文，其中將啓蒙界定爲「人要從歸咎於自己的未成年狀態中走出來」。所謂「未成年狀態」是指若無第三者從旁指導，就無法運用自己理性的狀態。至於哪一種未成年狀態該「歸咎於自己」呢？康德說，並不是由於心智尙未成熟，而是因爲缺乏決心與勇氣，致不敢獨立運用自己的理性。啓蒙就是鼓勵每個人勇於運用自己的理性，而且是公開地運用自己的理性到任何可以公開評論的事務上。只有當每個人把自己內心對公共事務的見解公開講出來、寫出來，別人才有機會針對他的見解提出評論，他也才有機會針對別人對他的見解的評論，再予以評論，這樣就形成一個公開討論問題的情境。如此一來，社會就能逐漸從封閉走向開放。一個開放的社會，就是講理的社會，是非對錯取決於公理，而不再取決於權勢、甚或暴力。

懶惰與怯懦是一切愚蠢與蒙昧的根源

　　誠如大文豪席勒（F. Schiller）為啟蒙運動定下「勇於認識」（Sapere aude）的標語，啟蒙的宗旨就是鼓勵每個人要勇於運用自己的理性，勇於獨立思考，以揚棄錯誤與偏見，進而追求全人類理性的解放。康德指出啟蒙最大的敵人就是懶惰和怯懦。大多數的人好逸惡勞，惰性深重，老是期待著凡事有人代勞。習以為常之後，就對走出這種狀態顯得百般不願，懦弱無能。這種懶惰與怯懦是一切愚蠢與蒙昧的根源，凡事希冀由別人代為思考、代為決定的心態，就是家長式政權的溫床。

　　康德說：「一個建立在對人民──就好比父親對子女般──關愛的原則上的政府，稱為家長式政權。這種政府視臣民如同未成年子女一般。由於未成年子女尚無法辨別何者對他們有益，何者對他們有害，因此臣民也得被迫相信統治者的善意，依照統治者所做的判斷，來決定其追求幸福的方式。這種家長式政權乃是吾人所可能想像得到最專制的政府。因為，這麼一來，臣民的所有自由被剝得一乾二淨，他們也因此喪失了一切權利。」（引自《論俗語：在理論上可能是對的，但在實踐上卻不適用》）這段引文何其感人，何其熟悉。感人的是康德的洞察力是如此地敏銳，直戳家長式政權偽善的外貌，要不是他對人性尊嚴、人的自由與權利有一份超乎常人

的執著，何能致此？熟悉的是他所批評的家長式政權不也同樣精確地在中國重演著嗎？在帝制時代就不用談了，民國肇建以來，在朝主政者仍不乏以「大家長」自居的，不懂得尊重人民群眾，不願讓人民群眾啓蒙，更別談向人民群眾學習了。他們老是喜歡搞愚民政策，將人民群眾視爲「未成年子女」，對人民群眾頤指氣使。這種現象固然主政者難辭其咎，但更重要的毋寧是，人民群眾的蒙昧無知也縱容、加深了主政者的恣意妄爲。要根除這種專制主義，只能從喚醒人民群眾自覺地當自己的主人翁做起。不能再懶惰，將一切煩憂委諸他人，不能再怯懦，只想安於現狀之中，要勇於面對挑戰，樂於改變現狀，這就是啓蒙運動的眞諦。但這一切得從獨立思考做起，不能再由他人代爲思考、代爲規劃、代爲決定，凡事要自己來思考、自己來規劃、自己來決定，其結果當然也是由自己來負責。

　　歐洲正是藉著啓蒙運動，將個人的圖像由卑屈怯懦轉爲獨立自主，而邁向近現代社會的。中國長期處於封建專制統治之下，個性自由輒遭壓抑，中國要成爲現代化國家，就得先培養有獨立精神氣象的國民。易言之，中國也亟需一場「思想再啓蒙運動」，讓每個人從歸咎於自己的未成年狀態中走出來，讓每個人勇於獨立思考，勇於公開運用自己的理性。而作爲啓蒙運動哲學高峰的康德哲學大可作爲我們寶貴的借鑑。

　　所謂獨立思考，就是要求人要自覺地運用自己的理性，對任何以往和現存的流行看法、主流價值或宗教信仰絕不人云亦云地信以爲真，而是要追問這些看法、價值、信仰之所以存立的依據，合理的予以保留，顯然不合理的則予以捨棄，尚難判別其合理與否的則繼續探討。當然每個人由於學養、閱歷的不同，其獨立思考能力也有優劣之別，正因爲如此，啓蒙才會更進一步要求人要公開地運用理性。因爲如果僅只停留在獨立思考的階段，人仍然很容易成爲偏見或成見的奴隸，務必要把自己獨立思考的產物公開發表出來，才有機會接受他人的評論，從而降低其看法的片面性與局限性。在一個公開討論問題的情境下，各種偏見、誤解、假知識將隨著討論空間的擴大（擴大到全國，甚至到全球）與討論時間的持續（持續到與全人類歷史同爲悠久）而消逝，從而在理念上終將獲得全人類理性徹底的解放。這就是康德從理論上大大提高了啓蒙運動水平的地方，從要求每個人獨立思考，鼓勵每個人公開運用自己的理性，從而追求全人類理性的真正解放。

經由批判審理獨斷論與懷疑論的爭議

　　康德對啓蒙運動之所以能予以改造並提升其水平，基本上得歸功於他所發展出來的「先驗哲學」（Transzendentalphilosophie）或「批判哲學」（kritische Philosophie）。當時大多數啓蒙運

動的領袖們都患了盲目樂觀主義的錯誤，以爲理性無所不能，以爲人類社會將隨著啓蒙運動的推展而永續進步。康德則於一七八一年發表其不朽名著《純粹理性批判》，針對理性本身的認識能力展開嚴謹的審查。

　　人類的理性，就其本質而言，被迫要面對一系列問題的挑戰。理性必須就吾人所觀察或經驗到的雜多，依據普遍法則，予以理解爲一相關的整體，而非一團混亂。自然科學就是在探討自然現象的因果法則。形而上學則要求追根究底，要深入現象的背後，亦即要探討那些不再受其他原則制約的最後原則，或是在一系列因果關係中不再要求其他原因的第一因。經驗的最終基礎似乎不能在經驗自身之中找到，現象的終極解釋似乎也不能在現象界之中尋獲，因此，探討第一因或最後原則的學問才叫做形而上學（Metaphysik），意即在形而下學（Physik）之後（meta）。形而下學就是指探討自然現象的物理學。但正因爲意圖在經驗之外去尋求知識，理性才無可避免地掉入假象與矛盾的深淵之中。在形而上學的論證中，一方面有充足的理由支持「世界有一個開端」的主張，但另一方面也有同樣充足的理由支持完全相反的主張。到底哪一種主張才是正確，困惑著理性。由於這些主張乃是構成經驗之所以有效的理論基礎，因此不能再用經驗來檢驗其眞假對錯。這些主張並非來自經驗，而是源自理性本身，是獨立於經驗之外的純粹理性的產物，這使得形而上學

成爲各說各話、永無休止爭論的戰場。

　　爭論中的一方是理性主義的形而上學，其代表人物是笛卡爾、斯賓諾莎、萊布尼茨、沃爾夫等人。他們認爲經驗固然是知識的來源，但卻深信只有經由純粹思維（blosses Denken）或純粹理性（reine Vernunft）才能獲得與經驗有關的知識。康德稱呼這種論點爲「獨斷論」，因爲未經理性批判，他們就將靈魂不朽等基本假定強加於吾人身上。另一方面則是經驗主義的形而上學，其代表人物是洛克與休謨。洛克抨擊笛卡爾的「天賦理念」學說，主張所有的知識最後都得還原到內在或外在經驗，反對知識有嚴格獨立於經驗之外的基礎。康德稱呼這種論點爲「懷疑論」，因爲它將損壞一切客觀知識的根基。

　　緊隨著獨斷論與懷疑論，康德宣稱形而上學的第三個步驟就是批判論。早先康德接受萊布尼茨、沃爾夫等人獨斷論的立場，是休謨的懷疑論才將康德從「獨斷論的迷夢」（den dogmatischen Schlummer）中驚醒過來。此後，康德自另一個全新的方向來探討客觀知識的先天依據，從而發展出批判哲學。批判（Kritik）一詞是康德率先賦予哲學的意義。康德說：「我們所處的時代原本就是一個批判的時代，凡事必須服從批判的時代。唯有經由批判，吾人才不致爲假知識（Scheinwissen）所延誤。」「批判」的原意是「書評」，但在《純粹理性批判》一書所建立的批判哲學，「批判」意

謂著理性對其自身認識能力的嚴格審查。因為獨斷論與懷疑論在形而上學的戰場上喋喋爭論不休，莫衷一是，公說公有理，婆說婆有理。批判的目的並不在於擴充知識，而在於檢證知識。因此有必要設立法庭，受理獨斷論與懷疑論的爭議，讓兩造不必再像從前一樣，處在野蠻的自然狀態中，靠戰爭（Krieg）來決定勝負。在法庭中由理性本身擔任法官，嚴格依照訴訟程序（Prozess）審理兩造的爭議。一方面確保理性正當的主張，另一方面對於理性沒有根據的無理訴求，則依法嚴予駁斥，這就是批判。經由批判，形而上學作為由純粹概念組成的純粹理性知識（Metaphysik als reine Vernunfterkenntnis aus blossen Begriffen）才能成為嚴謹的學問。

思辨理性不能超越經驗的界限

康德指出批判的意義，起先是消極的：思辨理性不能超越經驗的界限；其次則是積極的：實踐理性必須超越經驗的界限。

所謂思辨理性，亦即理論理性，是人類高級的認識能力。康德將認識能力區分為感性（Sinnlichkeit）、知性（Verstand）與理性（Vernunft）。在康德以前，理性主義認為感性只不過是一種潛在的知性；反之，經驗主義認為知性僅僅是被完

善了的感性。康德則主張，感性與知性同爲人類主要的認識能力。感性是對對象直觀的能力，是被動的感受性（Rezeptivitaet）。知性是規則的能力（Vermoegen der Regeln），可以將感性所直觀到的對象統一連結起來，納入法則之下，成爲概念、判斷或原則。因此，知性是主動的自發性（Spontaneitaet）。康德認爲，感性與知性「也許來自一個共同、但尚未爲吾人所知悉的根源。經由感性，對象被給予；經由知性，對象被思維。」而理性，就其廣義而言，包括知性與狹義的理性。廣義的理性又稱爲高級的認識能力，是先天知識的能力（Vermoegen apriorischer Erkenntnis）。狹義的理性與知性不同，是最高級的認識能力，它將已被知性處理過的概念、判斷或原則納入思維的最高統一。因此，狹義的理性是原理的能力（Vermoegen der Prinzipien），它是將知性的規則統一於原理之下的能力。狹義的理性作爲思辨理性，因不直接涉及對象或經驗，而只涉及知性，因此在知識的形成上不能提供任何建構性的原理（konstitutive Prinzipien），而只能提供規範性的原理（regulative Prinzipien）。假使吾人將思辨理性做「超驗」（transzendent）的運用，亦即超乎經驗的運用，在形而上學的戰場上將充斥著假知識之間毫無章法的混戰。

思維方式的革命

康德將理性批判所帶來的成果稱為「哥白尼革命」（kopernikanische Revolution）。對康德而言，哥白尼提出地動說的意義並不在於他推翻了傳統的天文學理論，而在於他顛覆了常識性的觀點，揭露「太陽繞著地球旋轉」是個假象（Schein），從而指出真理存在於一個新的、不再是常識性的觀點。同樣地，純粹理性批判不只是駁斥獨斷論與懷疑論的缺失而已，它還提供了一個全新的主體與客體的關係：知識不再由對象所決定，而是對象由我們的認識能力所決定。這種主客關係由常識性的觀點來看，毋寧是荒謬的。因為每當吾人提及「客觀」知識（objektive Erkenntnis）時，似乎意味著「客體」（Objekt）是獨立於主體（Subjekt）之外而存在著。康德藉著理性批判所推動的「思維方式的革命」則要求，人類的理性要從常識性的成見中解放出來。客觀知識的兩個認識特徵——必然性與普遍性——並非源自客體，而是來自「認知主體」（das erkennende Subjekt）。如果沒有經過認識能力的處理，客體將無異於混亂的雜多而已。客體只有在被認知主體感受後，經由知性將其轉化為概念、判斷或原則，最後再由理性將之納入思維的最高統一，亦即使各種概念、判斷、原則皆不互相矛盾，如此經驗才成為可能，才有所謂的「客觀」知識。康德就是採用批判的方法，揭露經

驗之所以可能的先天條件，而這些先天條件在邏輯上（而不是在時間上）先於經驗，卻又決定了經驗，因此也稱為「先驗」（transzendental）。經由先驗哲學，探尋客觀知識之所以可能的先天條件，科學的客觀性才能獲得確保。

其實，康德本身也是一位熟悉牛頓物理學和天體力學的學者。他在一七五五年的著作《自然通史和天體理論》中，運用牛頓力學原理，提出星雲學說，這個學說在一七九六年被拉普拉斯（Laplace, 1749-1827）重新提出，而產生廣泛的影響，因此又被稱為「康德——拉普拉斯學說」。直到晚年，康德仍不減對科學的熱愛，繼續講授關於自然科學與人類學的課程。在康德以前，獨斷論認為科學萬能，認為經由科學，我們能認識世界的全部與本質，包括「意志自由」、「上帝存在」與「靈魂不朽」。反之，懷疑論不但否定人類對意志自由、上帝存在與靈魂不朽的認識可能性，甚至懷疑數學、自然科學等知識的客觀有效性。康德則致力於探討科學作為一門客觀有效的學問如何可能，吾人固然不應對科學的能力估計過高，但也不應估得太低；哲學永遠應當是科學的維護者和導師。

先天綜合判斷如何可能

《純粹理性批判》就是在探討普遍且必然有效的客觀知

識如何可能的問題，亦即「先天綜合判斷」(synthetisches Urteil a priori)如何可能的問題。康德首先區別兩種類型的判斷：「分析判斷」（analytisches Urteil)與「綜合判斷」（synthetisches Urteil）。前者是指賓詞（Praedikat）所蘊含的意義已包含在主詞（Subjekt）的概念中，後者則指賓詞所蘊含的意義並未包含在主詞的概念中。在分析判斷裡，賓詞只不過是對主詞概念的闡釋，實際上並未增加知識的內容，且只要分析主詞的概念，即可得出賓詞，所以它的成立無須藉助經驗，因此必然是先天的（a priori）判斷。反之，在綜合判斷裡，賓詞擴大了主詞的概念，擴展了知識的內容，由於賓詞的意義並未包含在主詞的概念之中，因此須要一個中介要素將賓詞與主詞連結起來，傳統上認爲這個中介要素就是後天的（a posteriori）經驗。換言之，先天分析判斷和後天綜合判斷的成立都不成問題。

但是，先天分析判斷不能帶來任何新的知識，只能將既有的知識闡述得更清楚明白。後天綜合判斷也無法提供任何客觀知識。因爲客觀知識的兩個認識特徵——普遍性與必然性（亦即不只是對某一時某一地的我有效而已，而是對任何時任何地的任何人都有效）——無法從經驗中獲得。客觀知識固然必須是綜合的，只有綜合判斷才能增加知識的內容；然而客觀知識也必須是先天的，只有先天判斷才具有普遍性與必然性。因此，客觀知識必然是先天綜合判斷。然則，先天綜合判斷是否可

能？康德認為，先天綜合判斷當然存在，數學與自然科學的基本原理就是先天綜合判斷，例如「兩點間最短距離為一直線」、「三角形的任意兩邊和大於第三邊」及牛頓三大運動定律都是先天綜合判斷。所以，康德不問先天綜合判斷「是否」可能，而只問先天綜合判斷「如何」可能。如果不能回答這個問題，就無法為客觀知識的成立取得理性上的根據，也就無法抵擋來自懷疑論的攻擊。易言之，探討先天綜合判斷如何可能就是《純粹理性批判》的主要課題。這個主要課題可再分為三個問題，即數學如何可能，自然科學如何可能，作為學問的形而上學（Metaphysik als Wissenschaft）如何可能。由此得出《純粹理性批判》原理論的三編——先驗感性論、先驗分析論及先驗辯證論，分別是對於感性、知性及理性等認識能力的探討。

在先驗感性論中，康德指出，空間和時間是兩種先天的感性形式。空間使外在感覺系統化，時間則使內在感覺系統化。空間和時間是直觀，而非概念。正是由於這兩種先天的直觀形式，數學知識的客觀有效性才有可能。應當注意的是，康德在很多地方都談到形式，但他所談的都是有內容的形式，對他來說，空洞的、沒有內容的形式是不存在的，例如空間和時間這兩種直觀形式不可能脫離直觀的內容（即感性素材）而存在。在先驗分析論中，康德提出「範疇」（Kategorie）作為純粹知性概念。正因為有這種先天的知性概念存在，自

然科學的客觀有效性才得確保。此外，康德還提出「構想力」
（Einbildungskraft）的概念。「構想力」是指把知性概念應
用於感性直觀的能力，它是知性的自發性的根源。早在一七
六四年徵文比賽的著作中，康德就有「模糊觀念」的提法。
康德在草稿中對「模糊觀念」的解釋可說是對「構想力」的
最佳詮釋。他說：「知性在模糊不清的情況下起作用最大，……
模糊觀念要比明晰觀念更富有表現力。……思想的助產士。
在模糊中能產生知性和理性的各種活動。……我們並不總是
能夠用語言表達我們所想的東西。」在這段話裡，認識能力
的能動性、主動性被充分凸顯出來。

思辨理性逾越經驗的界限即產生二律背反

在先驗辯證論中，康德則提出四組「二律背反」
（Antinomien）。所謂「二律背反」是指正命題及其反命題
都同樣地有根據。進一步說，如果站在正命題的立場，雖
然不能證明正命題可以成立，卻可以證明反命題不能成立；
反之，如果站在反命題的立場，雖然不能證明反命題可以成
立，卻可以證明正命題不能成立。第一組二律背反的正命題
是「世界在時間和空間上是有限的」，反命題則是「世界在
時間和空間上是無限的」。第二組的正命題是「世界上的一
切都是由單一的東西所構成」，反命題則是「沒有任何單一

的東西，一切都是複合的」。第三組的正命題是「世界上存在著一種出於自由的因果性」，反命題則是「沒有任何自由，一切都從屬於自然律」。第四組的正命題是「有一個絕對必然的存在體作為世界的一部分或世界的原因」，反命題則是「沒有一個絕對必然的存在體」。康德認為，這些二律背反之所以發生，是因為思辨理性的運用逾越了經驗的界限。由於思辨理性必須停留在經驗的範圍內，亦即對象必須首先通過感性被呈現給我們，而感性不可能感受到該對象的「物自身」（Ding an sich），只能感受到「物自身」所呈現給吾人的「現象」（Erscheinung）。也就是說，「物自身」是超感的（uebersinnlich），所以我們只能認識到「現象」，而不能認識「物自身」。

有人因此批評康德主張不可知論。其實，康德熱愛科學，堅信知識的進步。他說：「通過對現象進行觀察和分析而正在向自然界的內部深入，可是，我們將來在這方面究竟能夠向前推進多遠就不得而知了。」（引自《純粹理性批判》）康德的意思是說，經驗的範圍在不斷擴大，但無論知識增加多少，這個範圍也不會消失，正如無論我們向前走多遠，地平線也不會消失一樣。「物自身」的說法提醒人們注意有一些科學無能為力的領域存在，例如意志自由、上帝存在與靈魂不朽等問題。由此可見，《純粹理性批判》不但為科學的客觀性奠定了堅實的基礎，也為科學劃定了範圍和界限。盡管科學

是探求宇宙萬有的一種有效的途徑，卻不是唯一的途徑，尤其是當科學碰觸到認知主體這種複雜對象時，更顯出它的某些局限。人作爲一個動物，固然無法迴避時間序列中因果律的規範，但是，人作爲一個理性的載體，本身也是一個起因者。人之所以爲人，就在於人不僅可以認識法則，而且還可以選擇性地運用法則，甚至還可以違逆法則做出自己的決定，在這個意義下，人是自由的。

實踐理性必須超越經驗的界限

誠如上述，理性批判一方面消極地指出，理論理性不能做超驗的運用。也就是說，如果超出經驗的界限，依據純理的推論，很快就會陷入「世界是否有限」這種二律背反的謬誤之中。另一方面理性批判也積極地指出，實踐理性必須超越經驗的界限。所謂實踐理性乃是指涉及人的內心立意或行爲決定的理性，理論理性則是指涉及認識客觀世界或現象界的理性。理論理性所追求的是眞知識（das wahre Wissen），而實踐理性所追求的則是善意志（der gute Wille）與道德行爲（das sittliche Handeln）。但不論是眞知識，還是善意志或道德行爲，它們都必須是普遍且必然有效的。從經驗世界中吾人無法分析出普遍且必然有效的行爲律則，只有超越經驗的界限，才能得出普遍且必然有效的道德律，亦即「斷言令

式」（kategorischer Imperativ）：「要如此行爲，使你意志的準則始終能夠成爲普遍立法的原則。」換言之，在思辨的領域裡，純粹理性固然不能提供任何建構性的原理，而只能提供規範性的原理；但是，在實踐的領域裡，獨立於經驗之外的純粹理性卻具有建構性的作用。

其實，人作爲動物固然也可成爲認識的對象，但人作爲理性的載體則不可能成爲認識的對象。康德稱前者爲「現象界的人」（homo phaenomenon），後者爲「睿智界的人」（homo noumenon）。人具有雙重身份，現象界的人是感性世界（Sinnenwelt）的一份子，因此從屬於因果律，受到自然律與社會心理法則的制約。然而，睿智界的人是睿智世界（intelligible Welt）的一份子，因此是自由的，能夠擺脫一切經驗因素的制約，而只服從純粹理性的本然要求。理性批判爲理論理性的運用劃下不得超越經驗的界限，同時卻也爲實踐理性的運用保留了寬廣的空間，亦即實踐理性必須超越經驗的界限。在《純粹理性批判》中理論理性無法證明的「意志自由」、「上帝存在」與「靈魂不朽」，在《實踐理性批判》中卻作爲實踐理性的三個公設而被重新建立起來。

康德哲學代表西方哲學的主流

藉著思維方式的「哥白尼革命」，康德建立了全新的主

客關係，也凸顯了主體的能動性。馬克思之所以重視德國古
典哲學（其奠基人乃是康德），就是因爲它強調主體的能動性。
意識不僅認識世界，而且改造世界，這條原理就起源於康德。
經由理性批判，康德也消解了理性主義與經驗主義長期的爭
論。康德的批判哲學全面地影響了爾後哲學的發展，他所運
用的哲學術語，諸如後天（a posteriori）/先天（a priori）、
分析的（analytisch）/綜合的（synthetisch）、建構的（konstitutiv）
/規範的（regulativ）、超驗（transzendent）/先驗（transzendental）、
理論/實踐、必然/自由、他律/自律、現象/物自身、自然律/自
由律等等，都廣爲後世的哲學所採用。難怪恩格斯說：「在
法國發生政治革命的同時，德國發生了哲學革命。這個革命
是由康德開始的。」不僅在知識論的領域，康德哲學也對倫
理學、法權哲學、歷史哲學、宗教哲學的發展予以根本的改
變。近兩百年來，西方各種哲學流派，不論其贊成康德與否，
皆自覺或不自覺地受到康德的影響。就連在哲學立場上與康
德格格不入的邏輯經驗論大師羅素也說：「超過康德有好哲
學，略過康德只有壞哲學。」這是推崇康德爲近代哲學史的
高峰，他把歷史上遺留下來的主要哲學論爭做了個根本處理
的典範，因此要超過康德才可能有好哲學。反之，如果略過
康德，那意味著捨棄了這個獨特的典範，要自己重新處理那
些糾纏不清的哲學論爭，大概很難處理得比康德好、比康德
徹底，因此，忽略了康德只有壞哲學。言下之意，大有康德

哲學即爲近現代哲學入門之意。顯然康德不僅是西方最重要的哲學家，也代表西方哲學的主流。

可惜的是，就在康德出生的前一年，即雍正元年（一七二三年），清世宗因爲西方傳教士介入清王朝奪嫡之爭，頒禁教諭，中斷了中國與歐洲的文化交流。這樣的隔絕一幌就是百餘年，而這百餘年正是西方國家現代化的關鍵時刻。從工業革命、啓蒙運動、美國獨立戰爭、法國大革命、社會主義思潮、七月革命，西歐發生了翻天覆地的大變動。中國非但無緣親與盛會，反因閉關自守，塑造了國民故步自封的心態。直至一八四〇年鴉片戰爭，中國被迫開放門戶，來自歐洲的殖民帝國爭相加入蠶食鯨吞中國的行列，而新興的日本更是由於地緣的關係，對中國的侵略後來居上、變本加厲。這樣的屈辱一幌又是百餘年，原來唯我獨尊的天朝美夢徹底粉碎，民族的自信心與自尊心喪失殆盡。面對前所未有的巨變，吸收西學成爲中國知識分子苦心追求的目標。然而，由於蔑視傳統，茫然無根，以致引進西學時毫無選擇，雜亂無章；加上在國家分裂乃至亡國危機的壓迫下，救亡圖存成爲汲取西學的主要目的，因爲救急的功利成分太重，對西學的認識往往流於淺薄，不夠深刻。此時，想要對博大精深的康德哲學做深入的研究，幾乎不可能。其實，早在一九〇三年，梁啓超就發表《近世第一大哲康德之學說》，對康德哲學做概略的介紹。直到解放前，康德哲學在哲學界的研究和在大學

講壇上的講授也未曾中綴，例如鄭昕撰寫《康德學術》，藍公武翻譯《純粹理性批判》；然而不可否認地，這些研究和講授畢竟不夠深入，不夠普及，鮮能結合中國具體情況，賦予康德哲學以當代的、現實的意義。

一九四九年中華人民共和國建立之初，遭到以美國為首的西方工業先進國家的抵制，彼此間的文化交流幾近中斷。六十年代中、蘇共交惡，致雙方各項交流合作項目也被迫中止。這段期間，雖然維護了國家主權的獨立，但封閉的心態也阻礙了中國現代化的進程。此外，隨著新政權建立，馬克思主義也取得哲學界的主導地位，於是動用國家資源編譯馬恩全集，全民加入學習馬克思主義的行列，但在極左思潮支配下，馬克思主義儼然成為官方意識形態，出現「罷黜百家，獨尊馬列」的局面，在這種情勢下，要知識分子研究康德就更加不可能了。從一九五七年反右開始，政治上的不寬容愈益明顯，終於導向文革的極左風潮；這期間夾雜著傳統的封建惡習，無情地踐踏人性尊嚴。經過整整二十年的折騰，神州大地變得千瘡百孔、百廢待舉，炎黃子孫變得目光無神、面無笑容。自十一屆三中全會確立了改革開放政策之後，才逐漸出現轉機。

今日中國要實現全方位的對外開放，首先必須重建文化主體意識。一個具有文化主體意識的民族，才懂得「洋為中用」而不致流於崇洋媚外。其次，既然要進行全方位的開放，

就不能再故步自封、自以爲是。我們要揚棄極左的教條主義，不宜認爲所有的眞理都包含在馬列的著作之中。我們要從中國的實際出發，實事求是，解放思想，只要有利於現代化事業持續發展的任何外國思想體系，都應該勇於吸收，勇於借鑑。無可諱言地，資本主義對世界走向現代化起了關鍵的作用。今天我們已經認識到中國在相當長的一段時期內仍將處於「社會主義初級階段」，也就是說，我們必須更加全面地、細緻地、深刻地總結資本主義社會的經驗與教訓，才有可能持續推動社會主義現代化事業的發展。因爲歷史發展的規律是辯證的，任何一個歷史階段不可能全面否定前一個歷史階段而能健全發展。無可否認地，今天的發達國家絕大多數都經過早期資本主義社會這個歷史階段。但是，現今也沒有任何一個國家仍然停留在《共產黨宣言》發表時的那個早期資本主義社會的歷史階段。勞工的困境在馬克思之後已經因爲社會主義運動的蓬勃發展、勞工教育水平的提高及各種照顧勞工的政策與法律，而獲得根本的改善。此外，在自動化技術普及之後，白領階級（即第三級產業從業人員）比例已經超過作爲第二級產業從業人員的藍領階級。這些都是在二戰之後才出現的社會新形勢。尤其中國的改革開放進程更爲複雜而特殊，不僅要建立新的市場競爭秩序，也要改造原有社會主義公有制與分配制的缺失，整頓國有企業與解決職工下崗的問題，又要因應隨著自動化科技所帶來的第三級產業的迅

猛發展。因此，中國更須要大膽吸收、借鑑各項有利於實現國家現代化的工業先進國家的思想、理論與經驗。

康德哲學是中西哲學會通的橋樑

　　康德哲學作為一個非西方世界的中國要了解西方各個重要哲學流派的跳板，是中西哲學會通的橋樑。這是因為康德是西方近兩百年來最傑出的哲學家，康德哲學基本上規定了近現代重要哲學流派討論問題的方式與範圍。從黑格爾、馬克思到分析哲學、存在主義和現象學無不自覺地或不自覺地受到康德的影響。其次，康德既然把哲學定位為「純粹的理性學問」（reine Vernunftwissenschaft），就表示他的哲學思想摻雜最少的經驗因素，使得對西方具體社會文化發展比較陌生的我們更容易接近它、理解它。舉例來說，倘若你不了解黑格爾時代的社會背景與歷史文化特徵，就不太容易了解黑格爾哲學。但是，康德哲學宣稱是純理的，因此能將這類因特殊社會文化背景所帶來的理解上的障礙降到最低。更何況經過康德，可以很快與其他哲學流派接軌。譬如沙特或馬塞爾的存在主義哲學對一般的中國人來講，非常陌生、難以理解，因為他們所處理的哲學問題在一定程度上與工業高度發達的巴黎社會密不可分。但是如果我們了解康德之後，再研讀也是著名的康德學者，也是存在主義者的海德格（Martin

Heidegger），這樣存在主義就不會再難以理解了。因此，康德哲學可說是中西哲學會通的橋樑。固然康德一如其他哲學家難免有其時代的局限性，譬如他對女人與經濟上不獨立的人雖然也承認其擁有自由、平等的權利，卻不承認其擁有積極的公民權，即投票權，這是時代的偏見。就像孔子說「唯女子與小人爲難養也，近之則不遜，遠之則怨」一樣，也是打上了時代的烙印。但我們也不能否認，康德與孔子或其他大思想家一樣，在其思想體系中也有一些永恆的、或至少是超越其時代局限性的寶貴資產。

我們決不能再像極左風潮的年代，把康德過份化約地理解爲「資產階級哲學家」。固然康德總結了法國資產階級革命的經驗，但當時的資產階級革命要求廢除三級會議，要求保障人權，主張財產權神聖不可侵犯，反對專制王權等等訴求，無不代表當時進步的力量。易言之，康德是站在推動歷史進步的一邊。此外，康德和絕大多數的爲資本主義剝削制度辯護的哲學家也有根本的不同。他們後來多成爲右派政權或新興殖民主義的擁護者。他們一方面爲新建立的資產階級政權提供理論依據，建構意識形態，爲矛盾日益惡化的勞資問題加深剝削關係，並打壓自主勞工運動的發展。這使得他們愈來愈站到新興社會主義運動的對立面，從原本是進步的社會力量，蛻變爲保守、甚或反動的社會力量。另外一方面，他們對競爭白熱化的殖民地爭奪戰也起了推波助瀾的作用，

各式各樣的民族主義迅速崛起，最極端的形式莫如將非西方世界譬喻爲「白種人的負擔」，公然倡言弱肉強食的「社會達爾文主義」。他們目睹殖民政權在各洲對當地土著進行殘忍的屠殺，非但不予以人道的譴責，甚至還詡爲加速物競天擇的進程。其結果就是釀成兩次世界大戰的悲劇。

所有人都同樣地自由、平等

　　康德與他們不同，就像他與一般啓蒙哲學家不同。一般啓蒙哲學家均帶有盲目樂觀主義的傾向，深信理性萬能，康德則不然，他毅然著手探討理性的本質，釐清理性的根源，確定其適用的範圍、方式與界限，從而建立其批判哲學。康德在知識論領域完成理性批判後，隨即將批判方法運用到倫理學、法權哲學與國家哲學的領域，以便探討個人的內心立意或行爲決定之所以普遍且必然有效的最後依據，即純粹實踐理性。它不能從經驗中分析出來，因爲人並不僅只存在於經驗世界而已，人也有超感的一面。就人是理性的載體而言，每個人都有至高無上的尊嚴。所謂「尊嚴」（Wuerde）乃相對於「價格」（Preis）而言。康德認爲，事物的價值可區別爲相對的價值和絕對的價值。前者乃「價格」，是可以替換的，後者即「尊嚴」，具有絕對的價值，既不能替代，也不能讓與。因此，道德律要求我們必須始終把每個人（無論自己

或別人）視爲「目的」，而不能只當作「工具」來利用。就社會是由作爲「目的自身」（Zweck an sich selbst）的人所組成的來看，人類社會就是一個「目的王國」（Reich der Zwecke）。在「目的王國」裡，每個人既是道德律的制定者，同時自己又服從道德律，亦即每個人都是絕對的道德主體，因此每個人都是平等地自由，不因性別、出身、職業、財富等經驗條件而有所差別。

把康德哲學用來處理勞資問題，則勞工與資本家是同樣地平等、自由，資本家絕不可以只把勞工當做爲其創造利潤的工具而已。勞工爲了爭取合理的待遇，要求調整勞資關係，以便健全發展其人格，這是一個實踐理性的載體所應享有的正當權利。難怪十九世紀末有不少知名的康德學者，如福連德（Karl Vorlaender）、阿德勒（Max Adler），相繼投入社會主義勞工運動的行列，而傑出的社會主義領袖中也不難找到康德的信徒，譬如德國社會民主黨的創建人伯恩斯坦（Eduard Bernstein）和聯邦德國前總理施密特（Helmut Schmidt）。這些例子鮮明地凸顯康德哲學超越時代局限性的一面，康德不但完成了自由主義最核心問題（人的自由、自律，人的尊嚴以及自由律）的理論架構，還爲新興勞工解放運動提供最強有力的理論依據。

康德對資本主義剝削制度的批判

　　把康德哲學用來處理殖民地爭奪戰問題，康德無疑是那個時代歐洲知識界的良心。非西方世界的人與西方世界的人是同樣地自由、平等，殖民政權絕不能只把非西方世界的人民當作其創造財富的工具而已，而毫不尊重「只要是人，其本身就是目的」這個理性要求。康德厭惡侵略戰爭，尤其是爲了爭奪殖民地所發動的貪婪無厭的戰爭。在一七九五年，亦即比《共產黨宣言》還早五十多年，康德發表《論永久和平》一書，其中對此有極爲憤慨的指責：

> 讓我們拿這（按指應以普遍的友好爲國家間交往的條件）來對比一下我們世界這部分已經開化、而尤其是從事貿易的那些國家的「不友好」行爲吧；他們「訪問」異國和異族（在他們，這和進行「征服」等於是一回事）所表現的不正義性竟達到了驚人的地步。美洲、黑人大陸、香料群島、好望角等等，自從一經發現就被他們認爲是不屬於任何別人的地方，因爲他們把這裡的居民當作是無物。在東印度（即印度斯坦），他們以純擬建立貿易站爲藉口帶進來外國軍隊，但卻用於進一步造成對土著居民的壓迫、對這裡各個國家燎原戰爭的挑撥、飢饉、暴亂、背叛以及像一串禱告文一樣的各式各樣壓

榨著人類的罪惡。……所有這些貿易公司都處於面臨崩潰的峰顛上。糖料群島這個最殘酷而又最精心設計的奴隸制的營地，並沒有帶來任何真正的，而僅僅有一點間接的看來微不足道的收穫，就是為戰艦培養了水手，所以也就是為再度在歐洲進行戰爭而服務。這些列強幹了許多事情來表示自己虔誠，並且願意被人當作是正統信仰的特選者，而同時卻酗飲著不正義就像飲水一樣。

這段文字乃是康德以其批判哲學，為了維護人的尊嚴，對當時歐洲的貿易強權所做的最深刻批判。此外，為資本主義剝削制度辯護的哲學家也常常淪為種族主義的幫凶。尤其是納粹政權在屠殺猶太人時，除了猶太人以外，鮮有人站出來為猶太人講話，即使在德國以外的西方國家亦然，唯獨康德是例外。孟德爾頌（Moses Mendelsohn）是位傑出的猶太裔哲學家，也是康德在學問上的摯友。而且早在一九一三年，猶太人運動發表麥斯納宣言（Meissner Formel），主張有自由精神的德籍猶太人要依據自決，建構自己的生活，對自己負責，這種主張顯然是直接受到康德哲學的啟發，而運用在猶太人自我解放運動上。

康德的理性自由主義不同於放任自由主義

　　總而言之，爲資本主義剝削制度辯護的哲學家在勞工、非西方國家與少數民族等問題上都站在剝削者、掠奪者或迫害者的立場講話，而唯獨康德能站在人道的立場，維護被剝削者、被掠奪者與被迫害者的權利，批判那些貪婪無厭、不把人當人看的政權，這都得歸功於他的批判哲學。康德倡導的自由主義是理性自由主義，其核心是人格的自由、自律和自主，不同於西方近代流行的基於個人主義和功利主義所發展起來的放任自由主義。中國要對外面的世界開放，要掙脫出馬列極左教條主義的束縛，就須要引進——對自由主義的理論建構有重大貢獻的、對社會主義的訴求有廣大包容力的、對非西方國家與少數民族的文化自主權與利益能有足夠尊重的——康德哲學。康德的自由主義是同社會主義價值觀相通的，在康德的哲學體系中，我們看到支配近現代社會最重要的這兩個思想流派竟能融合爲一體。這種融合也與中國傳統文化中儒家所倡導的人道主義相契合。康德，與萊布尼茨和沃爾夫一樣，對中國文化相當尊重與肯定，這與自黑格爾以降的西方大多數哲學家，彌漫著貶抑中國的態度，剛好成一強烈對比。何況中國是一個多民族的國家，如何處理好各民族間的關係，尤其是漢族與其他各民族的關係，康德哲學提供我們穩當可靠的基本原則。

革命值得同情，但不值得鼓勵

此外，康德對革命的精闢見解，也有助於提升我們對改革的認識水平，深化當今改革事業的理論內涵。法國大革命是啓蒙運動的高峰，康德作爲總結法國大革命的啓蒙運動哲學家，對法國大革命投以極大的關注，也加以深刻的思考。康德認爲，革命固然值得同情，但卻不值得鼓勵。因爲革命後的新政權不見得比舊政權好，通過暴力革命取得政權的集團或個人往往也以暴力維護自己的政權，以暴易暴似乎成爲難以逃脫的歷史宿命。其次，歷史經驗告訴我們，革命往往無法在短期內結束，而是經常延續一段相當長的時期。在這段時期內，一方面革命勢力推翻不了政府，另一方面政府也消滅不了革命勢力，這種混亂的內戰狀態實無異於回復到原初野蠻的自然狀態。在自然狀態中，每個人的權利都缺乏法律的保障，只能靠自己的拳頭來維護。這種缺乏法律保障的狀態比任何形式的專制統治還糟糕，人民的自由、身家、性命毫無保障。

從歷史來看，一七八九年的法國大革命標幟著封建、專制的波旁王朝被新興的工商資產階級所推翻。但爲時不久，羅伯斯庇爾的恐怖政治與拿破崙的稱帝接踵而至。一八一五年的維也納會議後，波旁王朝復辟，經過一八三○年的七月革命、一八四八年的二月革命、一八五二年路易拿破崙稱帝，

直到一八七○年普法戰爭法國戰敗，一八七一年建立第三共和爲止，法國動盪了近百年之久。就中國近現代史而言，自一八九四年孫中山創設興中會，倡議革命，其間推翻清王朝、洪憲帝制、二次革命、張勳復辟、護法戰爭、軍閥割據、北伐戰爭、國共內戰、新中國建立後搞的不斷革命，包括文化大革命，直至一九七八年十一屆三中全會，中國也動盪了近百年之久。從法國與中國的革命經驗中可知，推翻舊政權和建立新制度的革命，固然沈重地打擊了舊勢力，但就新秩序的建立來說，光憑革命的理想與激情往往解決不了現實複雜的政治、經濟、社會情勢。如果處理不當，反倒引爆了潛藏已久的各種社會矛盾，激化各種社會力量的敵對，從而又導發新一波的革命浪潮，使得原本的矛盾更加不可收拾，致使原來的問題治絲益棼，更加錯綜難解。

此外，康德認爲，把革命當作一種「權利」不符合「理性法」（Vernunftrecht）的根本原則。因爲倘若承認「革命權」的合法性，則邏輯上必將導致任何失敗的革命都不應該受到懲罰，這種情形是任何一個理性的法律秩序所難以設想的。其實，國家本來就是每個人爲了保護其自然權利，相約放棄使用私人暴力而共同組成的公共暴力，以貫徹公共正義。這個約定就稱爲「始原契約」，也就是國家存立的理據。承認個人有使用私人暴力來廢除公共暴力的「革命權」，毋寧與國家存立的理據相矛盾。然而，康德不承認「革命權」，

卻同情被壓迫的人民起來革命。他曾將法國大革命稱爲一個「神聖事件」（heiliges Geschehen），也承認革命後的新政權應該立即取得統治的合法性。因爲若非如此，則邏輯上必將導致被推翻的舊政權仍然有主張復辟的權利，這種情形也是任何一個理性的法律秩序所不可能容許的。

以和平改革代替暴力革命

總而言之，康德認爲，每個人基於「始原契約」都有服從國家的義務，任何一個事實上的統治者，不得由其被統治者經由暴力予以廢除。除非國家濫用權力，致使其國民不再可能成爲一個眞正自由的人——即道德的主體，則原來對現實存在的國家的服從義務馬上中止，並轉化成爲不服從的義務。然而，即使在這種情形下，康德還是反對使用暴力，而是主張，每個人均負有義務——縱使對自身有危險——去散播廢除這種國家權力的必要性的見解，以促成現存的國家失去一切自願的支持。亦即以思維方式的革命代替暴力革命，鼓勵每個人獨立思考，公開運用理性，來推動經濟、社會與政治改革。康德說：「經由革命，個人的專制以及貪婪心和權勢慾的壓迫固然可以一掃而空，但絕不會出現思維方式的眞正改革，而是新的成見將和舊的一樣，成爲駕馭沒有思想的廣大人群的助行帶（按助行帶原文爲Leitband，即指提攜幼童學

步之布條）。」（引自《答覆這個問題：何謂啓蒙運動？》）具有啓蒙意義的「五四」本來也希望爲中國帶來思維方式的改變，然而，救亡圖存的激情未能同理性的批判精神結合起來，終使「五四」成爲一場「未完成的啓蒙運動」。對康德來說，激情意味著「對人類理性界限的破壞」。要保持清醒的頭腦，以理性指導激情，啓蒙才有可能，改革才能成功。當今中國的改革事業正屬於康德所倡導的循序漸進的改革，而非康德所反對的一夕變天的革命。那種一夕變天的革命或使用暴力改變現狀的行徑，到頭來，只能將中國的改革開放事業推向動亂的深淵。從事改革還必須對現狀充分了解和適度尊重，才不會犯下唯心論的錯誤，以爲依照自己憑空想像的藍圖就能改造社會。從事改革也必須對理想有所堅持，才能抵擋同時來自保守與激進勢力的夾擊，才不致半途而廢，功虧一簣。康德所提倡的，以思維方式的革命代替暴力革命，亦即以理性批判推動經濟、社會與政治的改革，對中國刻正進行的改革事業無疑地具有重大的啓發。

經濟改革的重點在於引進市場經濟，使資源的配置更爲合理有效，而這正是古典自由主義所倡導的。社會改革的重點在於建立一套能與社會主義市場經濟相配套的社會保障體系，以保障欠發達地區與低收入家庭的基本生活，並爲其子女提供平等接受教育的機會，而這正是社會主義的基本主張。中國的改革不能僅止於此，還應包括政治改革，而建設

社會主義法治國家就是政治改革重要的一環。鄧小平曾說：
「政治體制改革同經濟體制改革應該相互依賴，相互配合。
只搞經濟體制改革，不搞政治體制改革，經濟體制改革也搞
不通……我們所有的改革最終能不能成功，還是決定於政治
體制的改革。」康德晚年關於法權哲學及國家哲學的論著正
為中國當前從事政治改革、建立法治國家提供了最彌足珍貴
的參考材料。這包括《論俗語：在理論上可能是對的，但在
實踐上卻不適用》(一七九三年)，《論永久和平》（一七九五年），
及其畢生最後的巨著《道德形而上學》（一七九七年）。

康德是法治國家的理論先驅

康德的法權哲學與國家哲學是他對實踐理性進行深入探
討後的成果與結晶。康德堅持，人作為理性的載體，屬於睿
智界的一份子，不能被別人只當作工具來利用，每個人本身
就是目的。所有的人，不論其出身背景、宗教信仰、職業、
種族、性別等經驗條件何其千殊萬別，皆同樣地自由，也同
樣地平等。每個人都享有某些與人的本質——理性的載體，
亦即道德行為的主體——不可分離的天賦權利。國家存在的
目的就在於保障每個人的天賦權利，讓每個人都能自由地發
展自己的人格。康德認為，柏拉圖早就提出完善的國家理念，
不能藉口這個理念難以實現就把它拋棄。在發表《純粹理性

批判》後，康德就一直在追求建構一部最完善的國家憲法，終於構思出西洋哲學史上最莊嚴宏偉的法權哲學與國家哲學。

康德是法治國家（Rechtsstaat）的理論先驅，他是歷史上第一個以法律界定國家的思想家。康德認爲國家是一群人生活在法律規範下的共同體。人是社會的動物，不能離群而索居，只有在社會生活中，才能發展其人格。人活在社會之中，就有服從該社會的風俗、習慣與法律的義務。而法律就其具有強制性而言，與風俗、習慣不同，一違背法律就會伴隨著強制性的制裁。就我們未曾參與法律的制定來說，服從法律就是服從他人的意志，也就是「他律」。然而，人作爲理性的載體，必然要求「人格的自由、自律和自主」。「自律」意味著人只服從自己——或自己與他人共同——決定的行爲律則。只有如此，人才是自由、自主的。康德主張以「純粹共和」（reine Republik）的形式，也就是現今所謂的代議民主制度來解決此一「他律現實」與「自律要求」相矛盾的困境。人民藉著定期的選舉，推出代表，組成國會，依多數決原則議決法律。每項法律案的通過實無異於「國民總意志」（Volkswille）的宣示。就服從法律的角度來說，人民是被統治者。然而就法律的根源來說，人民所服從的法律原來是人民所選出的代表間接爲他們訂定的，服從法律其實就是服從自己的意志。藉著民主制度，「他律現實」與「自律要求」

雙雙得到滿足，這就是「法治國家」的精義所在。這種理路也正是力圖要建設社會主義法治國家與民主政治的中國所亟需的。

「五四」是我們中華民族共同記憶的一部分。每一年、每一次的回顧「五四」，都可以提醒我們，「科學」與「民主」如何強韌地盤據著每個世代知識分子的心靈。然而，在追求國家現代化過程中，「科學」與「民主」固然重要，卻不能以此自足。唯有站在「重建文化主體意識」的基礎上，發動一場「思想再啟蒙運動」，提倡獨立思考，鼓勵每個人勇於公開運用自己的理性，「科學」與「民主」的內涵才能更加豐富而深刻。倡導啟蒙最力的康德哲學無疑是中國「思想再啟蒙運動」的寶貴借鑑。康德的批判哲學不但對人類的認識能力進行了嚴謹的審查，從而指出科學發展的條件與界限；也對人的自由、自律、自主及人性尊嚴進行了深刻的論證，從而為法治國家與民主政治提供了最堅實的理論依據。康德固然熱愛科學，卻能不陷入「科學主義」的迷思。康德固然是自由主義的中堅，卻也能包容社會主義的訴求，因此他的法治國家理念不僅被自由主義者奉為圭臬，也是社會主義現代化事業無可迴避的課題。今天中國要想推動一場思想再啟蒙運動，要想確保改革開放事業的全面勝利，要想推動中國現代化事業的全面進展，加強研究康德哲學，毋寧是當務之急。

康德的實踐哲學

　　康德（Immanuel Kant, 1724-1804）是近現代西方最重要的哲學家，他的批判哲學（kritische Philosophie）對後世的各個哲學流派均產生極爲深遠的影響。作爲啓蒙運動的導師，康德總結法國大革命的經驗，對當時廣爲流傳的新時代理念做了深刻的反思與論證。自由主義的核心概念，諸如人格的自由、自律與自主、人的尊嚴、天賦人權、國民主權原則、權力分立與制衡、法治國家、純粹共和與世界公民理念等等，莫不經由康德實踐哲學嚴謹而系統的立證而得以屹立不搖。難怪他與孟德斯鳩（Montesquieu, 1689-1755）、亞當斯密（Adam Smith, 1723-1790）並列爲十八世紀自由主義的三大理論家。

　　孟德斯鳩側重在論述如何防止權力的濫用，以保障人民的自由權利。其解決的方法是，只有權力才能克制權力，因此將權力依其職能予以分開，使其相互牽制，則人民的自由權利就能得到穩當的保障。至於亞當斯密則主張「自由市場經濟」，國家不應介入民間的經濟活動，國營或公營事業應

減至最低限度，以免這種事業單位以特權或「吃政策」的方式破壞自由市場經濟的動作，這就是所謂的「放任政策」（Laissez-faire）。他認為最好的國家是干涉最少的國家，此即所謂「夜警國家」，除了「守夜」（維繫金融體系、執行相關法律）以外，什麼都不干涉。這樣的見解在劇烈變遷的工業化社會來臨前，尚不至有窒礙難行之處，但自十八世紀中葉以降，則助長了資本主義強凌弱的氣焰，多有可議之處。這種放任的自由主義與資本主義、個人主義密不可分，也就成為新興的社會主義勞工運動批判的焦點。

　　孟德斯鳩與亞當斯密分別從法律或經濟的角度論證自由主義，康德則從更為根本的哲學角度來論證自由主義。因此，孟德斯鳩的權力分立與制衡不僅被康德所繼受而且還獲得嶄新的哲學意義。孟德斯鳩將國家權力分為三種，即制定法律的權力（立法權）、執行法律的權力（行政權）與裁決法律的權力（司法權）。康德則將「國家」界定為「一群人生活在法律規範之下的共同體」，完全從法律的觀點來理解國家，然後以邏輯三段論法的大前提、小前提與結論來比擬立法權、行政權與司法權，因此權力分立與制衡的理論在法權哲學與國家哲學（Rechts- und Staatsphilosophie）的論域中取得了新的地位。至於亞當斯密主張自由市場經濟，康德則強調「經濟獨立是人格獨立的前提」，他主張任何實證法不得違反自然法，依照自然法，所有的人都是自由且平等的，任何實證法

必須讓經濟上尚未獨立的公民可以經由自己的努力而成為經濟上獨立的公民。這種訴求大大地緩解了——與資本主義、個人主義相結合的——自由主義的流弊，這都得歸功於康德實踐哲學對人格的自由、自律與自主的立證。

所謂自由主義乃是泛指一切的理念、理論、運動或組織，其主張乃在於建構或維持一個——奠基於個人的自由和自主之上的、並以實現和保障此個人的自由和自主為目的的——政治、經濟及社會秩序。因此，自由主義不但不贊成，甚且反對為所欲為的自由。在爭取自己自由的同時，也應尊重別人的自由；不能只顧自己的自由權利，而無視於別人的自由權利。毫無章法、沒有紀律的自由，勢將顛覆自由本身。因此，康德主張沒有紀律的自由比惡魔還可怕，自由有它自己的律則，即自由律或道德律。其實，自由主義的內核正是經由康德的立證才得到確保的。

理論理性與實踐理性

對康德而言，「實踐」是泛指與吾人內心立意或行為決定有關事務的總稱，而「哲學」則是一門「純粹的理性學問」（reine Vernunftwissenschaft）。「理性」（Vernunft）作為「原理的能力」（Vermoegen der Prinzipien），一方面可以有理論的運用，另一方面也可以有實踐的運用。理性的理論

運用涉及對客觀世界或現象界的認識，可以提供知識的先天原理。理性的實踐運用則涉及內心立意或行為決定，可以提供道德的先天原理。因此，理性可依照其理論的運用和實踐的運用，區分為「理論理性」（theoretische Vernunft）和「實踐理性」（praktische Vernunft）。「理論理性」和「實踐理性」其實是同一個理性，只是運用的領域不同罷了，前者運用於理論（或知識），而後者運用於實踐（或道德）。因此，哲學也可以區分為「理論哲學」與「實踐哲學」。「理論哲學」（theoretische Philosophie）旨在探討並證立知識的先天原理，亦即探究「自然律」（Naturgesetz）如何可能。「實踐哲學」（praktische Philosophie）則是在探討並證立道德的先天原理，亦即探究「道德律」（Sittengesetz）如何可能。

而「道德律」也可分為兩種：一種是外部立法（auessere Gesetzgebung）可能的「法權的法則」（rechtliches Gesetz），另一種則是外部立法不可能的「倫理的法則」（ethisches Gesetz）。前者屬於「法權哲學」（Rechtsphilosophie）研究的範疇，後者則屬於「倫理學」（Ethik）研究的範疇。舉例來說，「愛你的家人」這項道德律就是個倫理的法則，因為「愛」只能由道德主體本身自覺地發出，不可能由外部加以強制，也就是說外部立法不可能。反之，「遵守交通規則」卻是個法權的法則，因為我們可以對違反交通規則的人施以行政處罰，也就是說外部立法是可能的。「倫理學」與「法

權哲學」雖然有其各自的研究範疇，但就其同屬於「實踐哲學」來說，仍有其共同的基本原理。

事實上，康德的批判哲學是經由他的理論哲學建立起來的。在《純粹理性批判》（Kritik der reinen Vernunft）一書中，康德首度運用批判的方法，探討客觀知識可能性的根據，帶來了知識論領域的「哥白尼革命」（kopernikanische Revolution），凸顯了認知主體的能動性，建立了全新的主客關係──知識不再由對象所決定，而是對象由我們的認知能力所決定。在實踐哲學的領域裡，康德再度運用批判的方法，探討道德客觀有效性的根據，也為實踐哲學帶來了另一次的「哥白尼革命」。康德以前的哲學家總是試圖在主體之外──無論是自然或社會的秩序、道德感情、幸福的追求或上帝的意志──尋求道德的最後依據。康德則認為，這些外在於主體的因素都無法為道德的客觀有效性提供堅實的基礎。就如同在理論哲學裡，知識的客觀有效性根源於認知主體一樣，在實踐哲學裡，道德的客觀有效性也只有在道德主體本身才能找到。透過一系列的實踐哲學著作──尤其是一七八五年的《道德形而上學的基礎》（Grundlegung zur Metaphysik der Sitten），一七八八年的《實踐理性批判》（Kritik der praktischen Vernunft）和一七九七年的《道德形而上學》（Metaphysik der Sitten），康德對道德的根據提出了嚴謹的系統論證：道德根源於意志的自律，而自律即是自由。作為

自由主義核心概念的自由經由康德的論證取得了深刻的哲學意涵。此外,康德的實踐哲學裡包含許多組重要的哲學概念,例如受經驗限制的實踐理性(empirisch-bedingte praktische Vernunft)/純粹實踐理性(reine praktische Vernunft)、符合義務(pflichtmaessig)/出於義務(aus Pflicht)、合法性(Legalitaet)/道德性(Moralitaet)、假言令式(hypothetischer Imperativ)/斷言令式(kategorischer Imperativ)、價格(Preis)/尊嚴(Wuerde)、他律(Heteronomie)/自律(Autonomie)、必然(Notwendigkeit)/自由(Freiheit)、自然律(Naturgesetz)/自由律(Freiheitsgesetz)或道德律(Sittengesetz)、感性世界(Sinnenwelt)/睿智世界(intelligible Welt)等等。這些概念不但對後世實踐哲學的發展具有深遠的影響,也是了解康德實踐哲學所必須掌握的關鍵性概念。

實踐理性必須超越經驗的界限

如同在理論哲學中,康德肯定普遍且必然有效的客觀知識的存在是既與的事實一樣,在實踐哲學中,康德也肯定普遍且必然有效的道德律的存在是「純粹實踐理性的事實」(Faktum der reinen praktischen Vernunft),簡稱為「理性的事實」(Faktum der Vernunft)。「理性的事實」不同於「經驗的事實」。一般人所稱的「事實」是指「經驗的事實」,

意指某事實際上「是否」發生，這屬於「實然」（Sein）的範疇。然而，道德律並非對某事「是否」發生的描述，而是對某事「應否」發生的要求，這屬於「應然」（Sollen）的範疇。「理性的事實」並非指每個人在「實際上」都遵守道德律，而僅意味每個人只要是有理性者，都能意識到道德律對某事「應否」發生的要求，也都能意識到這種要求所帶有的「嚴格的普遍性」（不僅對我有效而已，而是對一切有理性者都有效）和「絕對的必然性」（不僅在偶然的條件下有效而已，而是在任何時、任何地絕對必然地有效）。因此，如同在理論哲學中，康德不問客觀知識是否存在，只問客觀知識如何可能一樣，在實踐哲學中，康德也不問客觀有效的道德律是否存在，而只問客觀有效的道德律如何可能。

　　為了探討道德律可能性的根據，康德認為吾人必須超越經驗的界限，而且只能在實踐理性之中尋找其先天依據。在理論哲學裡，康德雖然認為知識的客觀有效性奠基於認知主體先天的概念或原理，卻同時強調這些先天的概念或原理必須運用於經驗的素材。假如吾人將這些先天的概念或原理做「超驗的」（transzendent）運用，使其脫離經驗的領域，則將陷入「二律背反」（Antinomie）的謬誤中。換言之，理論理性的運用不能超越經驗的界限。《純粹理性批判》一書之所以在「理性批判」之前加上「純粹」一詞，就是表示《純粹理性批判》所要批判的對象是超越經驗的「純粹理論理性」

（reine theoretische Vernunft），以駁斥理性在建構知識時，因超越經驗的界限，所做的許多無理要求。然而，誠如康德所言，理論理性不能超越經驗的界限，這只是批判的消極意義；批判的積極意義則在於，實踐理性必須超越經驗的界限。因為即使道德律所要求的行為在經驗中只是偶然地甚或根本未曾發生過，道德律仍然嚴格地要求我們實踐該行為而不容許有絲毫的例外。譬如說，縱然至今可能尚未有過完全誠實的朋友，但卻不影響吾人始終可以要求每個人堅守對朋友誠實的義務。然而，自古以來，始終有人否認理性能完全不受經驗影響而單獨決定吾人的意志。康德則認為，這種「受經驗限制的實踐理性」（empirisch-bedingte praktische Vernunft）出於不時受到外在誘惑或內心慾念的影響，因此經常無法做出正確的判斷；反倒是完全獨立於經驗之外的「純粹實踐理性」（reine praktische Vernunt）才足以正確決定吾人的意志與行為。因此，《實踐理性批判》一書之所以不稱為「純粹實踐理性批判」，就是因為《實踐理性批判》所要批判的對象並非「純粹實踐理性」，而是「受經驗限制的實踐理性」。換言之，《實踐理性批判》在消極方面要駁斥受經驗限制的理性自以為能正確決定吾人意志與行為的無理要求，在積極方面則要證實的確有純粹實踐理性的存在，進而探究純粹實踐理性在意志與行為決定方面的全部能力。

其實，從經驗中取得的原則都是有限制、有條件的，不

可能提供道德律所應有的嚴格的普遍性和絕對的必然性。任何試圖從經驗中歸納出道德律的努力，最終必然導致倫理學上的價值相對主義和法權哲學上的法實證主義。倫理學上的價值相對主義主張，任何倫理的價值都是相對的，任何倫理的法則都只對特定的時代或社會有效。吾人固然不能否認，任何具體的倫理規範都不可能無視於其時代背景或社會條件等經驗因素，但卻也必須同時承認，在這些具體的倫理規範之後有一個超越經驗的、共同的根本原理。若非如此，對於與我們不同時代或不同社會的人們的行為，我們如何能做出適當的道德評價？再從法權哲學上來看，法實證主義主張，所謂「法」就是現實存在或曾存在過的法律，所謂「法學」就是對現實存在或曾存在過的法律進行邏輯上的嚴謹分析的學問。然而，假如「法」只局限於經驗上現實存在或曾存在過的法律，亦即「實證法」（positives Recht），則我們憑什麼可以評價、甚至糾正「實證法」？只有承認一個超越經驗的「法上之法」——亦即「自然法」（Naturrecht）的存在，我們才能依此判斷「實證法」是否符合正義、公平等理念的要求，從而推動「實證法」的不斷發展與完善。總之，普遍且必然有效的道德律絕非經驗的法則，而是對每一個有理性者均有效的先天法則，因此絕不可能得之於經驗。相反地，經驗中的實例還必須先依先天的道德律來判斷它是否可作為道德的範例。只有超越經驗，依據純粹理性，才能找到真正

的道德律，也才能找到道德律之所以可能的眞正根據。

　　道德律是對每一個有理性者均有效的實踐原理（praktisches Prinzip），亦即客觀的實踐原理。依據客觀的實踐原理而行動的能力，就是「意志」（Wille），也就是「實踐理性」（Praktische Vernunft）。唯有有理性者具有意志，能夠依據客觀的實踐原理而行動。動物只依據本能而行動，完全暴露在自然律的支配下，毫無自由意志可言。人固然有理性，能夠依據客觀的實踐原理而行動；但是，人也從屬於感性世界，會受到各種感性動機或愛好的影響，因此實際上不必然總是依據客觀的實踐原理而行動，如此一來，對人類來說，依據客觀的實踐原理而行動便成爲一種「強逼」（Noetigung）。道德律既然是一種客觀的實踐原理，因此，對人類來說，依據道德律而行動當然也是一種「強逼」，這就是所謂的「義務」（Pflicht）。換言之，「義務」就是道德律對非純理的人類所提出的行爲要求，藉此顯示出道德律對人類意志的強逼關係。由此可見，「義務」只適用於非純理的人類，不適用於純理的上帝。

　　在此必須一提的是，「合乎義務」（pflichtmaessig）的行爲和「出於義務」（aus Pflicht）的行爲雖然都涉及義務，彼此卻有很大的差別。前者是指該行爲只符合道德律的要求，構成該行爲的「合法性」（Legalitaet），屬於法權哲學的研究領域；後者則是指該行爲的「準則」（Maxime，意指行爲

的主觀原理）也符合道德律的要求，也就是以道德律作爲決定意志的唯一根據，這就構成該行爲的「道德性」（Moralitaet），屬於倫理學的研究領域。因此，一個行爲要具有道德價值，僅只「合乎義務」是不夠的，更重要地，還必須「出於義務」。舉例來說，一個商販童叟無欺，不對缺乏經驗的顧客抬高商品的價格，這當然合乎誠信的義務，但這卻不足以使人相信，他的行爲乃出於誠信的義務，因爲可能是爲了追逐利益而驅使他這樣做。此外，在我們力所能及時，應施惠於人，這是一項倫理的義務。有些生性富同情心的人，即使沒有虛榮或自利的動機，也因爲施惠於人而感到喜悅。在這種情形下，施惠的行爲雖然「合乎義務」，卻只是「出於愛好」（aus Neigung），因此沒有眞正的道德價值。反之，如果一個慈善家陷於極度的悲痛，以致喪失對別人的同情心，但在這種情形下，他卻仍能擺脫這種悲痛，不出於任何愛好，而僅「出於義務」去施惠於人，這個行爲便具有眞正的道德價值。

道德律是斷言令式，而非假言令式

由於對人類來說，依據客觀的實踐原理而行動乃是一種「強逼」，因此，任何客觀的實踐原理對人類來說都必然以一個「應該」（sollen）來表達，而形成一項「命令」（Gebot），而表達這項「命令」的程式便是「令式」（Imperativ）。道

德律作爲一種客觀的實踐原理，當然也可以用「令式」來表達。然而，令式可以分爲兩種，即「假言令式」（hypothetischer Imperativ）和「斷言令式」（kategorischer Imperativ）。前者表達一個可能的行爲的實踐必然性，而這個行爲是達成吾人所意願的（或可能意願的）另一事物（即目的）的手段；後者則表達一個行爲本身在客觀上是必然的，而不涉及任何特定的目的。「假言令式」又可以分爲兩種：當吾人所意願的目的只是「可能的」目的時，這種「假言令式」稱爲「或然的實踐原理」（Problematisch-praktisches Prinzip）；當吾人所意願的目的是「現實的」目的時，這種「假言令式」稱爲「實然的實踐原理」（assertorisch-praktisches Prinzip）。「斷言令式」則在不涉及任何目的的情況下，宣稱一個行爲本身在客觀上是必然的，因此稱爲「必然的實踐原理」（apodiktisch-praktisches Prinzip）。爲了探討道德律究竟是怎麼樣的實踐原理，康德進一步分析比較這三種實踐原理的內涵。

凡是由於任何一個有理性者的作爲而成爲可能的事物，就是任何一個意志「可能的」目的。譬如治療病人或殺人都是人類意志「可能的」目的。「或然的實踐原理」所要求的行爲就是爲達成一個「可能的」目的所必須採行的手段，至於這個目的本身是否合理、是否可欲，則非所問。因此，「或然的實踐原理」也可稱爲「技術的令式」（Imperativ der Geschicklichkeit）。舉例來說，治療病人所需的處方和置人於

死所需的行爲，就這兩者均可圓滿地達成目的來說，具有同等的價值。

在眾多「可能的」目的中，有一個目的可以被視爲一切有限的理性者（意指令式適用於他們全體，如人類）的「現實的」目的，這個目的就是「幸福」（Glueckseligkeit）。換言之，「幸福」是所有人共同追求的目標。倘若一個行爲是促進幸福的手段，則表達這個行爲的實踐必然性的令式就是「實然的實踐原理」。這種實踐原理仍然是「假言令式」，因爲在這種實踐原理中，一個行爲並非以絕對的方式被命令，而只是作爲達到另一個目的（即幸福）的手段而被命令。爲了追求幸福，吾人也需要某種「技術」，才能正確選擇達到幸福的手段，這種「技術」稱爲「明智」（Klugheit）。因此，「實然的實踐原理」也稱爲「明智的令式」（Imperativ der Klugheit）。

至於「必然的實踐原理」，亦即「斷言令式」，因爲直接要求某個行爲，而不以該行爲所能達到的目的爲條件。由於斷言令式獨立於一切的目的，也就獨立於任何經驗條件的限制，因此具有嚴格的普遍性和絕對的必然性。換言之，「斷言令式」就是「道德的令式」（Imperativ der Sittlichkeit）。

上述三種令式對意志的作用，由於其必然性的性質不同而有顯著的區別。爲了凸顯這種區別，康德將上述三種令式分別稱爲「技術的規則」（Regeln der Geschicklichkeit）、「明智的建議」（Ratschlaege der Klugheit）以及「道德的命令」

（Gebote der Sittlichkeit）或「道德的法則」（Gesetze der Sittlichkeit），亦即「道德律」（Sittengesetze）。只有「法則」具有一種無條件的、客觀的、普遍有效的必然性，而「命令」就是即使違逆愛好也必須服從的法則。「建議」固然也有必然性，但這種必然性只是在主觀的偶然條件下有效，亦即取決於吾人是否將某事視爲幸福而定。至於「規則」的必然性則完全取決於「目的與手段」的必然聯繫，只要「目的」一決定，則依據「規則」必然會要求相應的行爲作爲「手段」。在上述三種令式中，只有「斷言令式」（即「道德的令式」）不受任何條件的限制，是絕對必然的實踐原理，因此才有資格被稱爲「法則」或「命令」。

　　在分析比較三種令式之後，康德進而提出這個問題：這些令式如何可能？意思是說，這些令式如何能對我們的意志有強制力？先就技術的令式來說，這種令式如何可能是不需要特別解釋的。因爲意欲某一特定目的的人也必然會意欲爲達成此目的所必不可少的手段，只要他力所能及的話。就意欲而言，這是一個分析的實踐命題，意思是說，吾人可以從對目的意欲的概念中，分析出爲達到此目的所必要的行爲的概念。

　　其次，就明智的令式來說，如果我們對幸福已經有確定的概念，則明智的令式也和技術的令式一樣是分析的。因爲這兩種令式都表示：意欲某一目的的人也意欲爲達到此目的

所必要的手段。然而，困難的是，「幸福」是個極不確定的經驗概念，以致即使每個人都希望得到幸福，卻沒有一個人能確切地指出他到底要什麼。這是因為幸福概念中的一切成份都是經驗的，但是幸福的概念又包含一個絕對的整體，亦即在我的目前及未來狀況中的最大福祉。如此一來，沒有任何一個人能對幸福形成一個確定的概念。舉例來說，若要財富，難道不會因此給自己帶來更多的焦慮、嫉妒和窺伺嗎？若要知識，難道不會因此給自己帶來更多的煩惱嗎？簡言之，要知道什麼東西能真正帶來幸福，則必須無所不知，但這是不可能的。因此，為了得到幸福，我們無法依明確不移的原理而行動，而只能依經驗所顯示的大體上最有助於幸福的建議而行動。由此可知，嚴格來說，明智的令式並不是理性的「命令」，而只是理性的「勸告」。然而，只要達到幸福的手段能夠確定，則明智的令式就是個分析的實踐命題，它與技術的令式只有一點不同，即後者的目的只是可能的，前者的目的卻是現實的。因此，明智的令式的可能性也是不成問題的。

　　然而，道德的令式如何可能，並不像技術的令式或明智的令式那樣容易理解。因為道德的令式即是斷言令式，它不預設任何目的，而直接表明一個行為本身的實踐必然性，因此不再是個分析命題。斷言令式並不預設出於愛好的任何目的，而是把行為直接地與意志連結起來。換言之，斷言令式

所表達的行為意欲，無法從任何預設的目的意欲中分析出來，因此，斷言令式是綜合的實踐命題。另一方面，這種行為與意志的連結又是必然的，因此斷言令式也是先天的實踐命題。總而言之，斷言令式乃是「先天綜合的實踐命題」。誠如康德在理論哲學中探討「先天綜合判斷」如何可能一樣，在實踐哲學中，康德也將「先天綜合的實踐命題如何可能」（亦即「斷言令式如何可能」、「道德律如何可能」）做為基本的研究課題。

然則，斷言令式的內涵究竟是什麼？康德認為，由於假言令式預設某一目的作為條件，因此在得知該目的之前，吾人無法事先知道該令式的內涵。但是，當吾人設想一項斷言令式時，便立刻知道它的內涵。因為斷言令式除了無條件的法則之外，只包含行為的主觀原理——即準則——應該符合法則的必然性，因此，斷言令式（亦即道德律）的內涵便是行為的準則所應該符合的「一般法則的普遍性」（Allgemeinheit eines Gesetzes ueberhaupt），亦即「僅依據你能同時意願它成為一項法則的那項準則而行動」，這就是斷言令式的第一個程式。

由於斷言令式抽除了一切特定的內容或目的，只要求準則的可普遍化，以致常遭人誤解為「空洞的形式主義」。其實，斷言令式雖然是抽象的，但這並非意謂它無法應用於具體狀況和個別問題，而是意謂它不能預設任何特定的目的或

內容，甚至必須由它來決定具有特殊內容的義務。因為若非如此，道德律將被預設的目的或內容所限制，而無法普遍且必然地有效。換言之，斷言令式提供了一個檢證的判準，任何具體的行為都可以依照斷言令式來檢驗，任何能通過斷言令式檢驗的行為就是符合道德律要求的行為。舉例來說，當有人將「在困境中可以為了尋求解脫而說謊」當作一項行為準則時，我們可以依照斷言令式來檢驗它。也就是問：如果每個人都像你這樣，結果會如何？這個問題提醒我們：這樣一個普遍說謊的情境根本無法有意義地被設想。因為如果每個人都說謊，將沒有任何謊言被當成實話，說謊所要達到的目的——希望別人相信謊言——將無法實現。因此，「在困境中可以為了尋求解脫而說謊」這項準則無法成為一項普遍法則，所以不能作為一項有效的道德原則。此外，斷言令式的抽象性還能超越一切社會文化的差異，而維持道德的普遍性，因此在與「文化相對主義」或「價值相對主義」的比較中顯示出極大的優點。由於斷言令式不規定任何具體的道德規範或行為，因此可以一方面承認，每個時代、每個社會乃至每個個人都有其自己的具體道德規範，這些規範都受到時代背景、社會條件等經驗因素的限制，不可能放諸四海而皆準；但是也可以同時承認，這些具體的道德規範其實是以一項最高的道德律（即斷言令式）做基礎，這項道德律具有嚴格的普遍性和絕對的必然性，沒有任何時代、任何社會乃至任

何個人能免於這項道德律的規範。

斷言令式雖然不預設任何特定的目的，但這並不表示它沒有目的，只是這個目的是客觀的目的，而不是主觀的目的。主觀的目的是個人基於感性動機（亦即出於愛好）而隨意選定的目的，因此只有相對的價值，不可能作為對每個有理性者均有效的斷言令式的根據。換言之，一切主觀的目的都只是相對的，都只能作為假言令式的根據。相反地，客觀的目的是在任何情況下都作為「目的自身」（Zweck an sich selbst），因此具有絕對的價值，可以作為普遍且必然有效的斷言令式的根據。然則，這個具有絕對價值的「目的自身」究竟是什麼？康德認為，一切價值可區別為相對的價值和絕對的價值。前者乃「價格」（Preis），是可以替換的，後者即「尊嚴」（Wuerde），既不能替代，也不能讓與。只有被稱為「人格」（Persoenlichkeit）的有理性者才配擁有至高無上的尊嚴，才是具有絕對價值的「目的自身」。因此，如果應當有一項最高的實踐原理（對人類而言就是斷言令式）存在，則它必然是這樣一項原理：它能從「目的自身」（亦即對每個人均是目的的東西）的表象中，構成意志的客觀原理，而作為普遍且必然有效的道德律。康德由此推衍出「斷言令式」的第二個程式：「如此行動，即無論在你的人格還是其他每個人的人格中的人性（Menschheit），你始終同時當作目的，絕不只當作工具來利用。」

在這個程式中，原文爲Menschheit的「人性」是指人之所以爲人的那份特質，即「睿智界的人」（homo noumenon）。康德認爲，人具有雙重身份，既是「現象界的人」（homo phaenomenon），也是「睿智界的人」。「現象界的人」只是「動物的人」（Tiermensch），無法凸顯出人之所以爲人和人之所以較其他動物高貴的特殊性。「睿智界的人」則是「理性的人」（Vernunftmensch）。人和其他動物的最大差異就在於人有理性。人由於有理性，所以能依照理性所提供的客觀實踐原理而行動，這包括依照「技巧的規則」來使用工具，依照「明智的建議」來利用他人，以及依照「道德的命令」來規範自己，因此創造了豐富的物質與精神文明。由此可見，只有「睿智界的人」，亦即「理性的人」，才構成人之所以爲人的根據，才有資格被稱爲「人性」。

其次，這個程式要求人不能「只」被當作工具來利用。這個「只」字甚爲重要，絕不能被省略。「斷言令式」並非要求人不能被當作工具來利用，而是要求人不能「只」被當工具來利用。因爲人生活在社會中，就不可能不與他人交往，這就免不了利用他人或爲他人所利用。舉例來說，爲了追求幸福，理性總是經由明智的令式建議我們應該如何利用他人。因此，要求人不可以被當作工具來利用是很難自圓其說的。其實一個學養愈豐富、人格愈深刻的人，對他人而言，利用的價值就愈高，而他的存在價值也在某種程度上由

此表現出來。譬如一位精於外科手術的醫師常常被利用來為生命垂危的病患急救，一位精通中亞考古學的教授則常常成為有關東西文化交流的諮詢對象，一位傑出的作曲家也多能為焦慮中的人們提供必要的精神慰藉。由此可見，斷言令式只要求我們在利用人時，不能「只」把他當作工具而已，必須始終把他也當作目的來對待。舉例來說，僱主僱用勞工從事勞動生產，就是把勞工當作為自己創造利潤的工具。斷言令式並不要求僱主不能把勞工當作發財的工具，只是要求僱主不能「只」把勞工當作工具，也就是要求僱主必須始終也把勞工當作目的來對待，不能任意壓榨、剝削乃至虐待勞工。

自律是道德的最高原理

從斷言令式的第一個程式來說，一切實踐的立法根據都客觀地存在於準則及使準則可以成為法則（Gesetz）的普遍性形式；從斷言令式的第二個程式來說，一切實踐的立法根據都主觀地存在於目的；然而，一切目的的主體乃是每一個作為目的自身的有理性者。將這兩個程式結合起來，便得出斷言令式的第三個程式，作為意志與普遍的實踐理性相一致的最高條件，也就是「每一個有理性者的意志——作為一個普遍立法意志——之理念。」（die Idee des Willens jedes vernuenftigen Wesens als eines allgemein gesetzgebenden Willens）。

這個程式在《實踐理性批判》中被稱爲「純粹實踐理性的基本法則」（Grundgesetz der reinen praktischen Vernunft）而如此表述：「如此行動，即你的意志的準則始終能夠同時作爲一項普遍立法的原理。」從這個程式可知，我們的意志不只是服從道德律而已；我們的意志之所以服從道德律，是因爲我們的意志本身就是道德律的制定者。這就是意志的「自律」（Autonomie）。

康德認爲，「自律」是道德的最高原理；斷言令式所命令的，不多不少正是「自律」──只服從你自己所制定的普遍法則。換言之，每一個有理性者都是他自己行爲的立法者。相反地，「他律」（Heteronomie）則是一切虛假的道德原理的根源。其實，如果意志越出自己之外，而在它的對象（Gegenstand）中──無論是幸福、圓滿性（Vollkommenheit）或是上帝的意志──去尋求法則，便一定形成「他律」。如此一來，並非意志爲自己制定法則，而是對象，透過它對意志的關係，爲意志制定法則。這種關係只能使假言令式成爲可能：我應該做某事，因爲我想要另一事物。反之，作爲斷言令式的道德律要求：即使我不想要其他事物，我也應該如此行動。譬如，前者表示，如果我想維持名譽，我就不該說謊；而後者表示，即使說謊不會帶給我任何恥辱，我也不該說謊。由此可見，道德律必須抽去一切對象，使對象不能對意志有任何影響，如此一來，道德律的內涵便只剩下「自律」，

經由自律，作為實踐理性的意志可以作為最高的立法者，其所制定的道德律才能享有無條件的最高權威。

經由斷言令式的分析，康德發現「自律」是道德的最高原理，而「自律」其實與「自由」是一體兩面。在《純粹理性批判》裡，康德就提出了「先驗的自由」（transzedentale Freiheit）的理念。康德認為，理論理性一旦超越經驗的界限，就會產生「二律背反」。而其中一組二律背反涉及「自由」（Freiheit）與「必然」（Notwendigkeit）的矛盾。這組二律背反的正命題是：「依照自然律的因果性（Kausalitaet），不是一切宇宙現象所由導出的唯一因果性，為了說明現象，必然要承認一個出於自由的因果性。」反命題則是：「沒有自由存在，宇宙中的一切都依自然律而發生。」康德認為，這組正反命題不存在真正的矛盾。如果我們把世界上發生的事件只看作是屬於「感性世界」（Sinnenwelt）的「現象」（Erscheinung），則在「現象」背後必定有屬於「睿智世界」（intelligible Welt）的「物自身」（Ding an sich）做基礎。因果關係不但可以適用於感性世界的諸現象之間，也可以適用於（睿智世界的）「物自身」與（感性世界的）「現象」之間，也就是「原因」出自睿智世界（如人的意志），「結果」發生在感性世界（如人的行為）。而出自睿智世界的因果性不需要再預設更前的原因，也就是可以作為一個獨立的起因（即第一因）對感性世界發揮作用，這便是「出於自由的因果性」，

也就是「先驗的自由」。因此，「先驗的自由」滿足了上述二律背反的正命題的要求。再從反命題來看，如果我們把「現象」（如人的行為）只當作「現象」來看，而不從「物自身」（如人的意志）和它的關係來看，則屬於感性世界的現象（人的行為）當然只服從自然律，而無自由可言。因此，上述二律背反的反命題也是真的。然而，「先驗的自由」畢竟超越了經驗的界限，在理論理性的範圍內，它雖然可以不矛盾地——即不與依照自然律而來的必然性相矛盾——被「思維」（denken），卻不能被「認識」（erkennen）。換言之，在理論理性的範圍內，「先驗的自由」只是個可能的「理念」（Idee），其客觀實在性無法獲得證實。

此外，「先驗的自由」意謂著獨立於感性世界的現象之外而發生作用的因果性，這只是「自由的消極概念」。康德認為，「因果性」的概念本身應該包含「法則」的概念，也就是說，一旦某物成為原因，則作為結果的另一物必然經由法則而被設定。因此，儘管自由不是依照自然律的因果性，卻不因此是完全無法則的，反而必須是一種依照特殊法則的因果性。這種特殊法則就是與「自然律」有別的「自由律」。既然一個自由的意志必須排除一切外來原因的決定，從而也必須排除一切經驗對象對意志的影響，因此「自由律」的內涵便只剩下「自律」——意志成為自己行為的立法者。「自律」即是「自由的積極概念」。

自由是道德律可能性的依據

「自律」既然是自由的積極概念，則一個自由的意志當然就是一個自律的意志，也就是在自己所制定的道德律規範下的意志。換言之，吾人一旦跨進實踐理性的領域，便對理性做超越經驗的運用，認識到普遍有效的道德律的存在乃是「理性的事實」，並且分析出意志的自律乃是道德的最高原理，從而間接證實了——在理性的理論運用中只是作為可能理念的——自由，也就是為自由的理念取得了實踐上的客觀實在性（objektive Realitaet）。簡言之，道德律是自由的「認識依據」（ratio cognoscendi）。所謂「你能夠，因為你應該」（Du kannst, denn du sollst），正應該從這個意義上來了解，也就是經由道德律，吾人才認識了自由。

但是，從另一個角度來看，自由則是道德律的「存在依據」（ratio escendi）。如上所述，康德在分析斷言令式的內涵之後，得出意志的自律作為道德的最高原理，進而以「自律」來規定「自由」，從而發現斷言令式（即道德律，亦即先天綜合的實踐命題）的可能性依據就是「自由」。所謂「你應該，因為你能夠」（Du sollst, denn du kannst），正可以從這個意義上來了解。因為道德律不可能做超越人類能力的要求。任何道德要求都是以意志的自由為預設條件。舉例來說，當面對一個無惡不做的罪犯時，法官並不會因為各種導致他惡行

的社會心理原因（例如孩提時受到虐待、交友不慎、社會對他的歧視等）
而免除他的罪刑，這是因為在法官的判斷中已經預設：即使
他遭受這麼多不幸，他還是擁有自由，能夠不受這些社會心
理原因的制約，從而使自己從悲慘的困境中擺脫出來，僅由
理性所頒布的道德律來決定自己的行為。換言之，因為人是
自由的，所以人應該為自己的行為負責。這種自我負責的精
神正是人具有主體性的表徵。

　　因此，吾人可以藉著康德在《道德形而上學》中對「自
由」的界定，而獲得對「自由」概念的全面理解。康德認為
「自由的消極概念」是指「意志不受感性動機所決定的那種
獨立性」，而「自由的積極概念」則指「純粹理性使自己成
為實踐的能力」。亦即消極上，人可以擺脫一切經驗因素的
制約，例如貪生怕死、趨福避禍、好逸惡勞等社會心理法則
的規制；積極上，人可以完全依據純粹理性來決定自己的行
為，從而成為自己行為的立法者。舉例來說，《禮記·檀弓》
有一則關於〈不食嗟來食〉的記載，正是人可以擺脫任何經
驗條件，甚至擺脫——作為使人一生中所有經驗條件成為可
能的——生命，來維護至高無上的人性尊嚴的一個典範。在
此例中，人不僅消極地違反一般經驗法則（即貪生怕死），更
有一積極追求，生死以之的人生理想（即維護人性尊嚴）。在這
種人生理想的設定上，他成為自己行為的立法者，這就是「自
由」。因為人是自由的，因此人可以規定自己的行為，而不

是由他人來決定自己的行為，這就是「自決」（Selbstbestimmung），所以人只服從自己或自己與他人共同制定的法則，這就是「自律」。經由自律，人成為自己的主人，而非他人的奴隸，亦即獨立於他人意志的強制，這就是「自主」（eigener Herr zu sein）。正因為人是自由的，因此人也必須為自己的行為負責，這就是「自我負責」；（Selbstverantwortung）。

此外，吾人還可以經由「人是理論理性的主體」這個事實來認識「自由」。人作為理論理性的主體，不但可以經由思維能力認識普遍有效的自然律，更可以進一步運用自然律來役使萬物。然而正因為他具有思維能力，所以也可以針對人際關係做反省，從而探討在一個社會內人與人的關係如何安排方屬允當，因此乃發展出社會學、心理學、經濟學、政治學等社會科學的各種原理。依照社會科學的原理，人在社會中的行為是可以預估的，易言之，人的社會行為可以經由社會科學所研究出來的因果律加以預測，具有某種程度的必然性。因此，人並非自由的，而是可以操縱的。最能代表這種思路的莫過於行為學派。但是，人的思維能力帶有濃厚的反省性格，亦即對反省而言是沒有休止符的。在對物的反省中，物畢竟是外在於人的客觀存在；在對人際關係的反省中，此關係雖與人有關，但畢竟還不是內在於人的。人的思維能力的極致運用，最後必導致對人的自身、人的本質來反省，

從而彰顯了「人是理論理性的主體」的事實。就人是理論理性的主體來看，社會科學的法則並非如同自然律一樣絕對有效，而只是相對有效罷了。因為人不僅可以認識法則，還可以選擇性地利用法則，甚至違反法則，從而擺脫法則的支配。譬如，一位精神科醫師最苦惱的莫過於碰到懂得精神醫學的病患。因為精神病患如果也通曉精神醫學，則他也可以有意識地運用精神醫學上的法則來對抗醫師的診斷，而醫師則因無法測知病患的病情及病因，以致束手無策。從這個事實可知，當吾人尚未意識到某種行為法則時，大多不知不覺暗合此法則行事；然而一旦意識到此法則，則可利用此法則以達暗藏於吾人內心的某一目的，甚至違逆此法則而行為，這就是所謂的「自由」。由此可見，從「人是理論理性的主體」這個事實可以導出「自由的消極概念」，即人有擺脫一般經驗法則規制的可能性。從而可以引申出「自由的積極概念」，即人可以讓純粹理性的要求成為指導我們內心立意與行為決定的最高原則。

　　康德在發現「自由」是斷言令式的可能性依據後，進一步問：「自由」如何使斷言令式可能？康德認為可以經由人的雙重身份來回答這個問題。人既是「現象界的人」，也是「睿智界的人」。就人是睿智世界的一份子來說，他能獨立於一切外來原因的決定，而經由其純粹實踐理性，成為自己行為的立法者；換言之，他能完全依照自律的原理而行動，

因此他是自由的。然而，就人也是感性世界的一份子來說，他會受到各種感性動機或愛好的影響，如此一來，由純粹實踐理性來決定行爲的要求便是一種「強逼」；換言之，自律的原理對他而言成爲一種斷言令式，命令他「應該」如何行動。由此可見，自由通過「應該」而使斷言令式（即道德律或先天綜合的實踐命題）成爲可能，就如同在理論哲學中，知性的先天概念加進感性的直觀才使先天綜合判斷成爲可能一樣。

最高善與一般純粹實踐理性的公設

如上所述，理性不但可以做理論的運用，也可以做實踐的運用。前者追求「眞」（Wahrheit），後者則追求「善」（Gut）。由於理性總是要求一個「無條件的絕對整體性」（unbedingte absolute Totalitaet），以作爲受條件限制的事物的最高條件，所以在它實踐的運用中，必然要求一個「最高善」（das hoechste Gut）作爲其他有條件的善的最高條件。康德認爲，人作爲有理性者，必然追求「善德」（Tugend，簡稱「德」）；然而，人只是有限的存在者，因此也要求「幸福」（Glueckseligkeit，簡稱「福」）；「德」與「福」的連結就是「最高善」的內涵。德與福的連結不是分析的連結，而是綜合的連結，因爲兩者屬於不同種類，從德中分析不出福，從福中也分析不出德。此外，這種連結又是先天的，因爲德與福的

連結是純粹實踐理性的必然要求。而綜合的連結必須依照因果律，也就是說，若非求福以生德，即是求德以生福。前一種情形是絕不可能的，因為將追求幸福作為意志決定的根據，就是「他律」，「他律」不可能產生真正的道德行為。至於後一種情形也不可能，因為我們不能期待藉著遵守道德律，而必然獲得幸福。如此一來，在最高善理念中德福連結的問題上便產生了「二律背反」，即在德福連結的必然性中，既不能求福以生德，也不能求德以生福。這種「二律背反」乃是「實踐理性的二律背反」（Antinomie der praktischen Vernunft）。

康德認為，求福以生德當然是錯誤的；但是，求德以生福不是絕對錯誤的，而是只有當我們把德看作屬於感性世界的原因，及把感性世界中的人當作人的唯一存在方式時才是錯誤的。假如我們把德看作屬於睿智世界的原因，而把福看作屬於感性世界的結果，則求德以生福便不是不可能的。如此一來，「實踐理性的二律背反」便解決了，即最高善理念中德與福的連結是可能的，這種連結不是求福以生德，而是求德以生福。然而，在這種連結裡，作為原因的德屬於睿智世界，因此這種連結不是感性世界中事物的連結，不能由因果律加以說明，而必須另外尋找其他可能性的根據。

康德認為，德福連結的可能性的根據有二，一是「靈魂不朽」（Unsterblichkeit der Seele），二是「上帝存在」（Dasein

Gottes）。如上所述，最高善是純粹實踐理性的必然要求。心靈（Gesinnung）完全符合道德律則是最高善的條件，因為純粹實踐理性必然要求有福者必須有德，有德者才配享福。然而，心靈完全符合道德律是任何感性世界中的有理性者（如人類）在任何時候都無法達到的圓滿性。但是，這種圓滿性又是純粹實踐理性的必然要求。如此一來，我們只能認為，這種圓滿性唯有在無限的進程中才能達到。而這個無限的進程又必須預設存在和人格的無限延續才有可能。這種存在和人格的無限延續就是所謂的「靈魂不朽」。依照最高善的理念，有德者才配享福，也應該享福；然而實際上，有德者不見得有福。因此，為了保證有德者能夠享福，人類於是寄希望於一種能合比例地按德來分配福的力量。這個力量為了能正確認識誰配享福及享有多少福，必須是全知的（allwissend）；為了能實現福的合比例分配，必須是全能的（allmaechtig）；為了能始終不懈地貫徹這種分配，必須是神聖的（heilig）。這樣的力量就是「上帝」。

由此可知，「靈魂不朽」和「上帝存在」是最高善理念中德福連結的可能性根據。康德將這兩者和「自由」稱為「一般純粹實踐理性的公設」（Postulate der reinen praktischen Vernunft ueberhaupt），意指在理論上不能證明的、卻因與道德律相連結而普遍必然有效的命題。就自由而言，理論理性面對「自由」與「必然」的衝突而陷入「二律背反」，為了

解決這個二律背反，只能建立一個可能的而不能決定其實在性的「先驗的自由」的理念。其次，理論理性也無法正確地證明「靈魂不朽」，因此陷入「謬誤推理」（Paralogismus）。至於「上帝」，在理論理性中只是一個「先驗的理想」（transzendentales Ideal），其客觀實在性無法證實。然而，在實踐理性中，「自由」由於道德律的存在而取得了實踐上的客觀實在性，「靈魂不朽」與「上帝存在」也因為作為最高善的可能性條件而獲得了實踐上的客觀實在性。

康德認為，「意志自由」、「靈魂不朽」和「上帝存在」等問題在理論理性中未獲解決，在實踐理性中卻獲得了解決，這正是人類的認知能力巧妙地適應了他的實踐使命的表現。因為假如「上帝存在」、「靈魂不朽」等問題在理論理性中已獲得解答，則人類將出於對上帝的恐懼或對靈魂不朽的希望而遵守道德律；這樣的行為並非出於義務，而是出自恐懼或希望，因此不具道德價值。反之，假如「上帝存在」、「靈魂不朽」等問題在理論理性中得不到解答，而是在我們之內的道德律要求我們無條件的尊敬而不許以任何承諾，且因為如此，才讓我們認識超感的睿智世界：如此一來，道德才有立足的餘地，人也才有尊嚴。其實，有關「上帝存在」與「靈魂不朽」的論證充份反映了西方基督教文化傳統的影響。康德雖然在《純粹理性批判》中，否定了「上帝存在」與「靈魂不朽」，卻在《實踐理性批判》中透過「最高善」

爲兩者重新找到存在的依據。其實，德福並不必然要連結在一起，捨生取義、棄福求德毋寧更能突顯道德主體的尊貴。

康德在《實踐理性批判》中說：「有兩件事情我愈加反省便愈以新而不斷增加的贊嘆和敬畏充滿我的心靈，這兩件事情便是：在我上面的充滿星輝的天空以及在我心中的道德法則。」所謂「在我上面的充滿星輝的天空」即是「自然律」，屬於理論哲學研究的範疇；而「在我心中的道德法則」即是「道德律」，亦即「自由律」，屬於實踐哲學研究的範疇。康德所處的時代正是啓蒙運動的時代。自然律就是一般的啓蒙運動哲學家憚精竭慮研究的對象。他們認爲，宇宙中的一切事件，包括人的行爲，都不是偶然的，而是必然地依照「自然律」而發生。康德則經由其理論哲學指出，「自然律」也是人對客觀世界認識的產物；換言之，人不僅是認知的客體，人也是認知的主體，也就是理論理性的主體。此外，理論理性的運用有不得超越經驗的限制，它只能認識經驗世界，無法認識睿智世界；換言之，宇宙中的事件不全是必然地依照自然律而發生，在必然之外還有自由，在自然律之外還有道德律。康德經由其實踐哲學指出，人不只是從屬於現象世界而已，人本身就是睿智世界的一份子，因此人能經由實踐理性，制定規範自己行爲的道德律，而成爲自己行爲的立法者，這就是自由。換言之，人不僅是理論理性的主體而已，人還是實踐理性的主體。因此，啓蒙運動鼓勵每個人勇於運用自

己的理性，絕不只是勇於運用理論理性而已，還必須勇於運用實踐理性。唯有勇於運用實踐理性，人才有眞正的自由，也才配享有至高無上的尊嚴。

·康德四論·

康德的自然法學

　　康德（Immanuel Kant, 1724-1804）所處的時代正是啓蒙運動的時代，他的批判哲學全面批判和總結了獨斷論（理性主義）與懷疑論（經驗主義）的哲學論爭，從而改造並提升了整個啓蒙運動的水平。康德的法權哲學作爲批判哲學的一部份，也深刻批判和總結了理性主義與經驗主義的自然法思想，從而改造並提升了自然法（Naturrecht）爲理性法（Vernunftrecht）。換言之，自然法思想經由康德批判法學（kritische Rechtslehre）的洗禮，成爲一個論證嚴謹、立足於先天原理的理性法體系。無疑地，康德的批判法學標幟著啓蒙運動時代自由主義法權思想的高峰。難怪他與孟德斯鳩（Montesquieu, 1689-1755）、亞當斯密（Adam Smith, 1723-1790）並列爲十八世紀自由主義的三大理論家。

　　康德法權哲學的主要著作包括一七八四年的《在世界公民觀點下的普遍歷史理念》（Idee zu einer allgemeinen Geschichte in weltbuergerlicher Absicht）、一七九三年的《論俗語：這在理論上可能是對的，但在實踐上不適用》(Ueber den

Gemeinspruch: Das mag in der Theorie richtig sein, taugt aber nicht fuer die Praxis）、一七九五年的《論永久和平》（Zum ewigen Frieden）以及一七九七年的《道德形而上學》（Metaphysik der Sitten）的第一部份，即《法學的形而上學原理》（Metaphysische Anfangsgruende der Rechtslehre）。尤其《法學的形而上學原理》一書，可說是康德對法權哲學最爲系統而完整的論述，最能集中體現康德法權哲學的精義。康德在該書裡闡述了許多組重要的概念，諸如法權義務（Rechtspflicht）／倫理義務（Tugendρflicht）、權利（Recht）／目的(Zweck)、自然法(Naturrecht)／實證法(positives Recht)、嚴格意義的權利（ius strictum）／模稜兩可的權利（ius aequivocum）、他人的權利（Recht der Menschen）／人性的權利（Recht der Menschheit）、私法權（Privatrecht）／公法權（oeffentliches Recht）、天賦的權利（angeborenes Recht）／獲得的權利（erworbenes Recht）、純粹法權的佔有（bloss-rechtlicher Besitz）／物理的佔有（physischer Besitz）等等，這些概念不僅在當時具有劃時代的意義，也對後世法權哲學的發展產生了深遠的影響。

康德法權哲學的特點

時至今日，康德的法權哲學仍然對我們這個時代具有重

大的意義。因爲康德的法權哲學具有以下幾個特點：首先，他以先天概念來立證法權和國家；其次，他從純粹實踐理性的原理來論證人權、私法權和公法權；第三，他同情遭到西方貿易強權掠奪的非西方世界和包括北美在內的殖民地獨立運動；第四，他比英國法學家戴西（Albert Venn Dicey, 1835-1922）所提出的「法治」（rule of law）還早一百年標舉「法治國家」（Rechtsstaat）的理念；最後，他比國際聯盟的倡議還早一百多年就提出「世界公民」、「永久和平」與「世界國」的哲學規劃。

儘管如此，康德的法權哲學仍然不時地遭到誤解。這種誤解主要來自兩方面，一是對其具體內容的指責，二是對其方法論的批評。在具體內容的指責方面，主要有五點：第一是認爲康德過份強調對私有產權的保障；第二是批評康德歧視女性和經濟上不獨立的人；第三是批評康德贊成死刑，也不反對閹割；第四是指責康德對婚姻法和親屬法的處理有欠妥當；最後則是批評康德反對積極的抵抗權和革命權。事實上，這些批評多半與批評者各自的政治立場或階級成見有關，多是斷章取義，想當然爾的批評，少有能提出嚴謹而讓人信服的論據。

以第一項指責來說，它主要來自主張限制或廢除私有財產的社會主義者或共產主義者。他們認爲，康德對私人所有權的立證不無爲資本主義制度辯護之嫌。其實不然，因爲康

德對私人所有權的立證並非從資產階級的利益著眼，而是以純粹理性的嚴謹推論為基礎，論證吾人如何可以佔有外物，而且該佔有也不限於實物佔有。其次，康德固然認為女人與經濟上不獨立的人不能享有積極的公民權，即投票權，這是時代的偏見。然而，吾人也不能否認康德主張「經濟獨立是人格獨立的前提」，有一定程度的合理性。何況，康德認為，女人連同經濟上不獨立的人也和其他積極的公民同樣地自由和平等，並主張任何法律必須讓經濟上尚未獨立的公民可以經由自己的努力而成為經濟上獨立的公民。其實，勞工和婦女之取得投票權乃是一次大戰之後的事，何況在康德那個時代似乎也只有法國大革命時期的孔多塞（Condorcet, 1743-1794）主張過普遍投票權而已，以遠在康德死後一百多年才實現的事實來批評康德，實屬苛刻。再以第三項指責來說，康德並不認為國家公權力可以任意運用死刑，也不把死刑當作穩定社會的工具；而是主張國家公權力必須在一定原則下使用死刑，以死刑作為實現公共正義的手段。時至今日，死刑的存廢仍無定論，美國有些州甚至在廢除死刑多年之後，又恢復死刑。至於閹割，康德只在其著作中作為例子提過一次，實無須為此小題大作。

　　再以第四項指責來說，它多半來自衛道之士。康德認為，婚姻乃是「不同性別的兩個人為了終身互相佔有對方的性器官的結合」（引自《法學的形而上學原理》第二十四節）。亦即將婚

姻視爲男女雙方恆久地、排他性地相互享用對方性器官的契約，這個定義乍看之下固然令人詫異，但細想之後，卻不得不接受它。一個不以恆久的、排他性的性關係爲基礎的婚姻實在是難以設想的。至於最後一項指責也有欠公允。康德並非絕對反對革命，他只是反對把革命當作一種權利。康德認爲，革命值得同情，但不值得鼓勵，因爲「經由革命，個人的專制以及貪婪心和權勢慾的壓迫固然可以一掃而空，但絕不會出現思維方式的眞正改革，而是新的成見將和舊的一樣，成爲駕馭沒有思想的廣大人群的助行帶（按助行帶原文爲Leitband, 即指提攜幼童學步的布條）。」（引自《答覆這個問題：何謂啓蒙運動？》）只有以思維方式的革命代替暴力革命，鼓勵每個人獨立思考，公開運用理性，改革才能成功。

康德的法權哲學是批判自然法學

在方法論的批評方面，有人認爲康德的法權哲學並非以批判的方法爲基礎，因此不屬於批判哲學。這種看法其實嚴重曲解了康德的法權哲學。而之所以產生這種曲解，乃是因爲對康德的批判哲學體系缺乏宏觀而深刻的認識。在理論哲學裡，康德從不問有沒有客觀知識，只問客觀知識如何可能，因爲對康德而言，客觀知識的存在是既予的事實，批判的目的在於探討客觀知識的可能性根據，亦即認知主體的感性、

悟性與理性等認識能力及其先天概念和原理，並以此先天概念和原理爲基礎，檢驗既有的各種知識主張，包括理性主義的獨斷論和經驗主義的懷疑論，一方面確保眞知識（wahres Wissen），另一方面對於貌似眞實的假知識（Scheinwissen）則嚴予駁斥。其實，吾人可以用正圓來代表作爲圓滿理念的眞知識，而用橢圓來代表不盡圓滿的現實世界的既有知識體系。兩圓的關係並非正圓被包攝在橢圓裡，吾人不得主張所有可能的知識盡已存在於既有的知識系統之中，否則批判將成爲只是對既有知識分辨眞假而已。兩圓的關係毋寧是部分互相重疊，未與橢圓重疊的那一部份正圓可代表存在於既有知識之外的眞知識。正因爲仍有某些眞知識無法從既有的知識系統裡抽取出來，因此，倘若要建立眞知識的系統，就必須擺脫既有知識的限制，不能只從經驗中去尋找知識的最後依據，而只能從審查人類理性的認識能力著手。

在實踐哲學裡，康德的批判矛頭由「知識」轉向了「道德」。康德從不問有沒有普遍有效的道德律，而只問普遍有效的道德律如何可能，因爲他認爲大家對普遍有效的道德律的意識是再清楚不過的「理性事實」。批判的目的在於探討普遍有效的道德律的最後依據，亦即意志的自律（Autonomie），並以此爲基礎，檢驗既有的各種道德規範，一方面確保以自律爲根據的眞道德，另一方面則駁斥以他律（Heteronomie）爲根據的假道德，諸如以上帝的意志或幸福

作為道德的依據。同樣地，吾人可以用正圓來象徵作為圓滿
理念的真道德，而用橢圓來象徵不盡圓滿的現實世界裡的既
有道德體系。兩圓的關係也非正圓被包攝在橢圓裡，而是兩
圓部份互相重疊。因為未與橢圓重疊的那一部份正圓可代表
存在於既有道德體系之外的真道德。正因為有某些真道德不
存在於既有的現實經驗裡，因此，倘若要建立真道德的系統，
就必須擺脫經驗的限制，不能只從現實經驗中去尋找道德的
最後依據，而只能從獨立於經驗之外的，亦即從純理的斷言
令式中去尋找。

　　在法權哲學裡，康德繼續運用批判的方法，探討普遍且
必然有效的法權概念的最後依據；並據此以建構自然法
（Naturrecht）的系統，亦即無需經由任何立法者制定，就對
任何時、任何地的任何人先天必然有效的法權，康德從不問
有沒有普遍有效的法權律則，只問普遍有效的法權律則如何
可能，因為他認為存在普遍有效的法權律則乃是不爭的事
實。他論證意志的外在自由是法權律則的最後依據，並以此
為基礎，檢驗由某個或某些立法者所制定、而對特定時地有
效的「實證法」（positives Recht）。即符合自然法要求的實
證法為合法（recht），而違反自然法要求的實證法則為非法
（unrecht）。這種自然法對實證法的檢驗和批判就是康德法
權哲學的批判性格所在。從這個角度來說，康德的法權哲學
就是批判自然法學（kritische Naturrechtslehre）。換言之，康

德的法權哲學乃是批判方法在法權領域運用的成果，因此當然屬於批判哲學。其實，從康德法權哲學的主要著作——《法學的形而上學原理》——的書名，即可看出該書與批判哲學的密切連係。如同在《純粹理性批判》（Kritik der reinen Vernunft）的基礎上，康德以《自然科學的形而上學原理》（Metaphysische Anfangsgruende der Naturwissenschaft）來建立真知識的系統一樣，在《實踐理性批判》（Kritik der praktischen Vernunft）之後，康德本應撰寫「道德學的形而上學原理」（Metaphysische Anfangsgruende der Sittenlehre），以建立真道德的系統。然而，因為道德分為法權與倫理兩個領域，因此，康德乃分別撰寫《法學的形而上學原理》（Metaphysische Anfangsgruende der Rechtslehre）與《倫理學的形而上學原理》（Metaphysische Anfangsgruende der Tugendlehre），並將此二者合稱為《道德形而上學》（Metaphysik der Sitten）。由此可見，《法學的形而上學原理》就是《實踐理性批判》的延伸與發展，因此是批判哲學的一個重要組成部分。

康德的「自然法」是「理性法」

其實，就自然法和實證法的關係來說，吾人也可以用正圓來代表作為圓滿理念的自然法，而用橢圓來代表不盡圓滿

的現實世界裡的實證法。兩圓的關係並非正圓被包攝在橢圓裡，吾人不得主張所有可能的自然法盡已存在於現有的實證法之中，否則批判將成為只是分辨現有的實證法為合法或非法而已。兩圓的關係毋寧是部份互相重疊，未與橢圓重疊的那一部份正圓就代表存在於現有實證法之外的自然法。當兩圓重疊的部份愈大，代表現有實證法的正當性愈高；當兩圓重疊的部份愈小，代表現有實證法的正當性愈低；而當兩圓重疊的部份小至幾近分離時，代表現有實證法的重要規定均已背離了自然法，這意味著瀕臨革命的邊緣。其實，一個穩定的社會毋寧是自然法與實證法重疊七、八成，對現有的實證法仍有不斷改良、完善的空間。換言之，自然法是任何一個實證法系統永不止息趨近的理想，實證法則是自然法理想在特定時空的具現化，兩者並非截然對立。因此，問題不在於這兩者應該選擇哪一個，而是在於，如何使現有的實證法更貼近自然法的理想。但無論如何，自然法只是個圓滿的理念，在現實世界裡，永遠有某些自然法存在於實證法之外，正因如此，吾人不可能藉由實證法的歸納來建立自然法的系統。只有超越經驗的限制，以純粹實踐理性為基礎，才能建立普遍且必然有效的自然法系統。從這個角度來看，康德的自然法就是「理性法」（Vernunftrecht）。

其實，在自然法思想發展的歷史上，首度賦予自然法以理性法意義的便是康德。換言之，康德不僅總結了近代的自

然法思想，更經由理性法的詮釋改造並提升了近代自然法思想的水平。所謂近代的自然法是指世俗的自然法，亦即掙脫出中世紀神學理論附庸的自然法，神學的自然法充其量只是上帝戒律的代名詞而已。近代的自然法萌芽於西班牙的薩拉曼卡學派（Salamanca School）。一五五九年，該學派的瓦斯蓋茲（Fernando Vasquez, 1512-1569）重提在一千多年前的古羅馬時期、由斯多葛學派的西塞羅（Cicero, 106-43B.C.）、塞內卡（Seneca, 2B.C.-65A.D.）以及其他羅馬法的著名法學家發展出來的自然法思想。瓦斯蓋茲將「自然權利」（ius naturae 或 ius gentium naturale）視爲有理性的人在前國家的原始狀態（Urzustand）下所擁有的權利，它包含自由、平等的權利、生存權以及財產權。這種萌芽於西班牙的世俗自然法思想傳播到當時西班牙的屬地荷蘭以後，遂爲格老秀斯（Hugo Grotius, 1583-1645）發揚光大。他主張，自然法不是上帝的啓示，而是理性的體現。格老秀斯是近代第一個系統講述世俗自然法的大家。繼格老秀斯之後，德國的普芬道夫（Samuel Pufendorf, 1632-1694）和託馬修斯（Christian Thomasius, 1655-1728）相繼闡發自然法思想，而沃爾夫（Christian Wolff, 1679-1754）則集其大成。他所撰寫的八大卷《自然法》（Ius Naturae, 1740-1748）對歐陸各大學產生了廣泛而深遠的影響，而該書提出第一份人權清單，其詳盡令人嘆爲觀止，除了政治人權外，也包含社會人權、經濟人權、甚至文化人權。

康德的法權哲學承襲了自格老秀斯至沃爾夫的世俗自然法傳統，例如康德在大學裡講授法權哲學時所選用的教科書的作者——包姆加頓（Baumgarten, 1714-1762）和阿亨瓦（Achenwall, 1719-1772）——就是沃爾夫的學生。此外，康德也受到啟蒙運動思想家，如盧梭（Rousseau, 1712-1778）和孟德斯鳩（Montesquieu, 1689-1755）的啟發。更重要地，康德以其批判哲學，總結近代以來的世俗自然法思想，從而發展出批判自然法學（kritische Naturrechtslehre），為世俗的自然法立下堅實的理論基礎。換言之，康德既不訴諸上帝的意志，也不從事物的本性（Natur der Sache）或人類需求的滿足來論證自然法，而是以純粹實踐理性為基礎，發展出理性法意義的自然法。

遺憾的是，康德也是迄今為止的最後一位大師級的自然法學家。自從黑格爾（Hegel, 1770-1831）以「歷史意志」取代了康德的「自由意志」（即純粹實踐理性）之後，實證法的迅速發展淹沒了自然法。黑格爾放棄了康德對現象與物自身的二元論立場，主張將客觀的存在與主觀的意識予以統一解釋。歷史法學派的薩維尼（Friedrich Carl von Savigny, 1779-1861）否認有放諸四海而皆準的自然法，主張任何一個民族的法律都是該民族獨特精神的體現。因此，以該民族獨特的法意識（Rechtsbewusstsein）和法確信（Rechtsueberzeugung）為基礎，在歷史中逐漸發展、積淀起來的習慣法才是主要的

法源。立法者的職責不在於創造新的法律,而是將該民族久已共信的習慣法明確化、法典化而已。薩維尼之後,社會法學派的耶林(Rudolf von Jhering, 1818-1892)進一步將法律的基礎現實化,僅僅狹隘地局限於現實社會裡的法意識和法確信。對他來說,法律的目的就是調和現實社會裡各種互相衝突的利益。這種思想的產生固然與十九世紀下半葉德國激烈工業化所帶來的社會問題分不開,但卻也強化了法律的現實性格,而衝淡了其應有的理想精神,從而成為蘊釀法實證主義(Rechtspositivismus)的溫床。

法實證主義背離了康德的自然法學

所謂「法實證主義」,乃是一種以實證法為研究對象的法學理論。它認為,法學的任務不在於探討法律應該是什麼,而是只研究法律是什麼,亦即只分析和闡明實證法的概念和原理,至於此等概念和原理是否合乎正義則非所問。凱爾森(Hans Kelsen, 1881-1973)便是法實證主義的集大成者。凱爾森的老師是新康德學派的馬堡學派的創始人柯亨(Hermann Cohen, 1842-1918),凱爾森的代表作《純粹法學》(Reine Rechtslehre)與康德法權哲學的主要著作《法學的形而上學原理》(Metaphysische Anfangsgruende der Rechtslehre)都用「Rechtslehre」,而不用「Rechtswissenschaft」表達「法學」,

而且「純粹」(rein)一詞是康德哲學的術語,諸如純粹理性、純粹意志。因此,凱爾森的《純粹法學》常被誤以為是康德法權哲學的繼承發展。其實,《純粹法學》乃是關於實證法的理論,其觀點與康德的批判自然法學可謂涇渭分明。凱爾森所謂的「純粹」是指排除對法律規範的價值判斷,僅分析法律規範的內部結構,這種純粹並非康德原義的純粹,亦即不夾雜經驗的純粹,反倒是僅限於經驗而不脫離經驗的「純粹」。然而,凱爾森既然是新康德學派的馬堡學派的創始人柯亨的學生,又何以會論證出與康德批判自然法學完全相反的法實證主義。這是因為馬堡學派對康德哲學的研究重點放在第一批判,亦即《純粹理性批判》,對於第二批判,即《實踐理性批判》並不重視,以致凱爾森只了解到批判的消極意義在於純粹理性不能超越經驗的界限,並依此建立其「純粹法學」,卻未認識到批判的積極意義在於實踐理性必須超越經驗的界限,而法學既然屬於實踐的領域,就必須超越經驗,依據純粹實踐理性,才能建立真正的批判法學。反觀新康德學派的另一支派——西南德意志學派,則把研究重心放在第二批判,因此發展出影響深遠的「價值哲學」,該派的史丹姆勒(Rudolf Stammler, 1856-1938)即是復興自然法的大家。

在十九世紀末和二十世紀初,法實證主義在德國盛極一時,終於導致納粹浩劫。希特勒就是以合法的方式取得政權,以合法的方式遂行極權統治,以合法的方式犯下滔天大罪。

納粹所標舉的「國家社會主義」的正義原則可歸結爲兩點，其一是「民族正義」（voelkische Gerechtigkeit），其二爲正義就是元首的意志（Gerecht ist alles, was der Wille des Fuehrers ist）。這種正義訴求絕非普遍的正義，而是狹隘的「民族正義」，與「階級正義」同樣是特定族群的正義，更何況被窄化成「元首的意志」，亦即「統治者的意志即爲正義」，這種見解無異是主張「強權即公理」（Might is right）。這種「正義」本身就是不義，不過徒具合法的形式，即以國家公權力爲後盾，完全不具有合法的實質內涵，即法律應有的道德內涵。在納粹政權「合法」踐踏人權的教訓下，二次大戰後的德國掀起了一股自然法復興運動。他們認爲，只有承認自然法的存在，並以此爲標準，檢驗、批判實證法，才能避免重蹈納粹的覆轍。在這種情形下，總結近代自然法思想的康德法權哲學才被發現是重建普遍且必然有效的法權所不可或缺的寶貴精神遺產。

康德對法權概念的論證

康德的自然法學是從建立「法權概念」著手的。普遍且必然有效的法權概念（Rechtsbegriff）不可能從經驗世界的實證法歸納而來，它只能是以純粹實踐理性爲根據的先天概念。易言之，法權概念絕不能是個經驗概念，而是個理性概念，因爲經驗概念不能普遍且必然有效。從康德的哲學體系

來看，法權（Recht）固然屬於道德（Sittlichkeit）的領域，卻不同於倫理（Ethos）之涉及人的內心立意，而是只涉及與他人處於交互影響下的外部行為，亦即外在的實踐關係。其次，這種實踐關係乃是我之意志（Willkuer）對他人意志的關係，而非我之意志對他人願望（Wunsch）的關係，也就是不涉及他人需求的滿足，例如對他人慈善的行為即屬對他人需求的滿足。再者，在這種意志交互影響的關係中，意志的對象，即「目的」（Zweck），必須排除在外，而只考慮意志的形式。因為目的的設定涉及主體的內心立意，屬於倫理學（Ethik）的領域。為了探討意志交互影響關係中的意志的形式，有必要先了解《實踐理性批判》裡「涉及一般意志與行為決定」的意志的形式。

所謂「涉及一般意志與行為決定」的意志的形式是指意志的自由。然而，自由有它自己的律則，即自由律，沒有律則的自由比惡魔還可怕。因此，意志的自由其實就是在普遍有效的自由律規範下的意志自由。這種自由律即是道德律（Sittengesetz）：「如此行動，即你意志的準則始終能夠同時作為一項普遍立法的原理。」（引自《實踐理性批判》）換言之，人不只是被動地接受道德律規範而已，人乃是自己制定道德律並要求自己服從的道德主體（sittliches Subjekt）。把這種涉及一般意志與行為決定的意志的形式應用到法權的領域，意志交互影響關係中的意志的形式便是處於外部交互影響下

的意志自由。這種處於外部交互影響下的意志自由其實是意志自由的外在運用，亦即完全不考慮內心立意如何，而只涉及外部行為的「外在自由」（auessere Freiheit）。這種自由有別於不論及外部行為後果，只考慮內心立意的「內在自由」（innere Freiheit）。而在外在自由交互影響的狀態裡，也存在著普遍有效的自由律，否則各個人的外在自由便可能互相抵觸，乃至互相毀滅。因此，處於交互影響狀態中的外在自由即是能夠依照普遍有效的自由律而和諧並存的所有人的外在自由，這就是法權的概念。因此，康德說：「法權是指一個人的意志能夠依照普遍的自由律與其他人的意志和諧並存的條件之總念。」（引自《法學的形而上學原理》導論）這裡所說的自由律乃是外在自由的普遍律則，屬於前述《實踐理性批判》裡的自由律的外在運用，也就是「法權律則」（Rechtsgesetz）：「外在地如此行動，即你意志的自由運用能夠依照普遍的律則與每個人的自由和諧並存。」（引自《法學的形而上學原理》導論）換言之，人不只是被動地接受法律規範而已，就法權律則屬於自由律的外在運用而言，人乃是自己制定法權律則來規範自己外在自由的「法權主體」（Rechtssubjekt）。

外在自由是法權律則的存在依據

其實，法權律則與外在自由的關係就如同道德律與自由

的關係。道德律和法權律則都是先天綜合的實踐命題。它們之所以是實踐的，是因為它們都涉及了意志與行為決定；所不同的是，道德律涉及一般的意志與行為決定，法權律則僅涉及意志自由的外部運用。它們之所以是先天的，是因為它們都要求嚴格的普遍性和絕對的必然性，因此不可能來自經驗。它們之所以是綜合的，是因為它們不預設任何特定的目的，就無條件地把律則和意志連結在一起，因此行為要求無法像假言令式（hypothetischer Imperativ）一樣，可以從對目的的意欲中分析出來。然而，這種先天綜合的實踐命題如何可能？先就道德律而言，康德認為，自由乃是道德律之所以可能的先天根據。但是從另一方面來說，自由的客觀實在性也必須經由道德律才能認識。換言之，自由是道德律的「存在依據」（ratio essendi），而道德律則是自由的「認識依據」（ratio cognoscendi）。同樣地，就法權律則而言，外在自由乃是法權律則之所以可能的先天根據。因為只有先肯定人的意志的外在運用是自由的，才可能要求人的外部行為可以遵守法權律則，而當有人違反法權律則時，也才有理由歸責他，因為他是自由的，能夠遵守法權律則，卻不遵守。相反地，外在自由的客觀實在性也必須經由法權律則才能認識。因為就人的行為總是在時間的序列裡而言，人的行為在現象界是受到因果律支配的，只要原因一設定，結果就按照律則必然地發生，其間並無自由可言。然而，經由法權律則，吾人認

識到，人可以擺脫他人意志的強制，而僅依照法權律則的要求而行為，這就是外在自由。因此，我們也可以說，外在自由是法權律則的「存在依據」，而法權律則是外在自由的「認識依據」。換言之，外在自由和法權律則是緊密結合在一起的：外在自由是在法權律則規範下的外在自由，法權律則則是為保障所有人的外在自由和諧並存所不可或缺的普遍律則。法權律則和外在自由兩者同時構成了法權的重要內涵：法權律則構成了「客觀意義的法權」（Recht im objektiven Sinne），而外在自由亦即權利，則構成了「主觀意義的法權」（Recht im subjektiven Sinne）。將客觀的法權律則（相當於英文字的law）和主觀的權利（相當於英文字的right）結合起來才是完整意義的法權（德文字為Recht，兼有英文字law和right之意）。

先就法權的客觀面——法權律則（Rechtsgesetz）——而言，一個人的行為只要能夠依照普遍的法權律則與所有人的外在自由和諧並存，該行為即是合法的（recht）。而對一個合法的行為予以妨礙、干涉的行為即是非法的（unrecht），因為該行為無法依照普遍的法權律則與所有人的外在自由和諧並存。必須注意的是，法權律則並不要求吾人必須把該律則作為行為的準則（即行為者個人的主觀實踐原理），雖然這麼做會是個出於義務而有道德價值的倫理行為。因為法權律則僅涉及人與人之間外在自由的關係，這就是說，即使我內心裡完全不關心他人的自由，甚至千方百計想侵犯他人的自由，

但只要我的外部行爲依循普遍的律則，他人的外在自由仍可絲毫無損。換言之，法權律則並不關心吾人內心是否想侵犯他人的外在自由，它只要求，吾人在運用自己的外在自由時，不能漫無限制地擴張，而是應該受到普遍律則的約束，如此一來，既能確保每個人最大範圍的外在自由，又能維繫最持久的和平共處。從這個角度來看，康德的法權哲學就是自由與和平的哲學。

權利與強制是一體的兩面

再就法權的主觀面——權利——而言，權利是指每個人的外在自由，只要此外在自由能夠依照普遍的法權律則與所有其他人的外在自由和諧並存。但事實上，人只要力所能逮，往往違背法權律則，不斷擴張自己的外在自由，以致侵犯他人的外在自由。康德認爲，就像在自然現象中，有作用力與反作用力恆等的自然律一樣，在外在自由的運用中，也有作用力與反作用力恆等的法權律則。對違反法權律則的不法行爲（即作用力）予以強制排除（即反作用力），本身就是合乎法權律則的合法行爲。換言之，在每個人的外在自由交互影響的關係中，我以合乎普遍律則的強制（Zwang）來限制他人自由的恣意運用，別人也以合乎普遍律則的強制來限制我自由的恣意運用。因此，嚴格意義的權利（ius strictum）可以表

示爲「一種——能夠依照普遍的律則與每個人的自由和諧並存的——普遍互相強制的可能性。」（引自《法學的形而上學原理》導論）這種強制的權限（Befugnis zu zwingen）正是嚴格意義的權利的核心內涵。

其實，權利之所以與強制的權限相聯繫，這是因爲權利乃是一種課他人以法權義務（Rechtspflicht）的道德能力。所謂法權義務乃相對於倫理義務（Tugendpflicht）而言。後者涉及對道德主體內心目的（Zweck）的要求，而目的的設定不可能由外部加以強制，只能由主體自行設定。反之，法權義務不關心行爲的目的，只涉及外部的行爲，因此可能由外部加以強制，只要該強制能夠依照普遍的律則與所有人的自由和諧並存。例如，當我們說，債務人有履行債務的義務，或者說，債權人有要求債務人履行債務的權利，這並不表示，債權人能經由對債務人內心立意的強逼，迫使債務人出自內心履行債務；而是意味著，債權人能夠經由一種外部的強制，如法院的強制執行，逼使債務人儘管百般不願也必須履行債務。

此外，康德認爲，嚴格意義的權利可以像數學般的精準（mathematische Genauigkeit）予以確定。先就線的內在性質（即曲、直）而言，兩點間可以有無限多條的線，但直線卻只能有一條。「直線」的「直」字在拉丁文是rectum，有正直、合法的意思。再就線的外在關係（即正、斜）而言，與某直線

在某定點相交的直線可以有無限多條，但垂直線卻只能有一條。「垂直」的拉丁文也是rectum。康德將這種線的關係比擬於人的外在自由的關係，也就是說，每個人的權利和每個人與其他人的權利分際，都應該像線的內在性質和外在關係一樣精準地來確定。

衡平法與緊急權不是嚴格意義的權利

然而，有兩種「權利」是無法精準地確定的，即「衡平法」（Billigkeit）和「緊急權」（Notrecht）。前者乃是沒有強制的權利，後者則是沒有權利的強制，因此都不屬於嚴格意義的權利，而是所謂「模棱兩可的權利」（ius aequivocum）。所謂「衡平法」是指平衡因依循普遍法則而難以避免的不正義而言。例如甲和乙訂約，約定甲應給付乙三十萬元，以購得乙宅。然而，簽約後適值通貨膨脹，乙宅已值市價三百萬元。此時，合同雖已簽訂，但甲尚未付款，乙可否要求提高房價為三百萬元？誠如「衡平法」的格言所說，「最高的法就是最大的不法（summum ius summa iniuria）。」從嚴格意義的權利來看，乙無法強制甲這麼做，也就是說，乙無法訴諸法官的判決來貫徹其權利主張。然而，假如甲出於良心願意給付乙三百萬元，從衡平法的角度來看，乙完全有理由接受。因此，衡平法乃是一種沒有強制的權利。

至於「緊急權」則是一種假想的權利（vermeintes Recht），也就是當我的生命陷於極度危險時，可以去剝奪並未傷害我的另一個人的生命，以求自保。在這種情況下，他人並無攻擊我生命的不法行為，因此，剝奪他人的生命絕非我的權利，充其量只是一種被允許的暴力行為而已。舉例來說，當船難發生時，甲、乙兩人搶佔一塊僅能承受一個人重量的木板，甲為了生存，強把乙從木板上推入海中，遂得以獨佔木板而倖免於難。在這種情況下，法官不可能對甲判處死刑。因為要求甲即使在喪失生命的恐懼中，也必須保持清醒的權利判斷，實有違人情。然而，這種使用暴力的自我保存行為並非合法，它只是免於刑罰而已。因此，「緊急權」的格言說：「緊急狀態下無法律（necessitas non habet legem）。」

法權意識與公民意識

綜上所述，衡平法和緊急權並非嚴格意義的權利。嚴格意義的權利必須是一種普遍的互相強制；亦即我固然有強制他人不侵犯我外在自由的權利，但是他人也有強制我不侵犯他外在自由的權利；從義務的角度來說便是，他人有不侵犯我外在自由的義務，而我也有不侵犯他人外在自由的義務。換言之，人乃是既享受權利，又承擔義務的法權主體，既非只有權利而無義務的上帝，亦非只有義務、卻無權利的奴隸，

更非既無權利又無義務的「物」（Sache）。一個人對自己作
爲一個法權主體——即享受權利、負擔義務的主體——的意
識是所謂的「法權意識」（Rechtsbewusstsein）。而法權意
識乃是「公民意識」（Buergerbewusstsein）的核心。因爲「公
民」是指在一個法權共同體（Rechtsgemeinschaft）之內的法
權主體。

「公民」在英文是citizen，法文是citoyen，都是源自拉
丁文的civis，原意是「城民」，城民組合成civitas，即是「城
邦」。古希臘羅馬時代的城民能直接參與公共事務，亦即以
集會方式議決城邦法律與政策，並參與城邦行政管理。換言
之，城民的資格和參與公共事務的權利是分不開的。而由一
群城民組成、以共同經營公共事務爲目的的共同體即是國
家。拉丁文稱呼國家爲 "res publica"，其原義就是「公共事
務」，這個字後來在英文裡直譯爲republic，或意譯爲
commonwealth。到了中世紀，封建貴族和教會神職人員壟斷
了公共事務的發言權，加上商業萎縮，城市沒落，原本城民
參與公共事務的傳統幾近中斷。直到中世紀末期，隨著商業
和貿易的復蘇，以工商業爲主的城市逐漸興起。新興工商階
級是這些城市裡的進步力量，他們向國王或封建領主爭取貿
易特許狀，使城市掙脫領主的控制，從而獲得管理城市公共
事務的自治權。隨著工商業的發展，城市工商階級發現，只
有城市的自治是不夠的，因爲在城市之外的廣大地區，貴族

和教士階級仍然頑固地壟斷著統治權,而形成工商業進一步發展的障礙,只有將城市的自治擴大為對整個國家公共事務的管理,尤其是參與法律的制定,才能真正保障自己的權利。西方的「法權意識」和「公民意識」就是在古希臘羅馬時代城民自治的傳統下,加上近代工商業的興起,而發展起來的。

反之,中國傳統上向來採取「重農抑商」的政策,商業被認為是雕蟲小技,商人被列為「士農工商」四民之末,因此,商人階級始終無法如西方一樣,形成一股足以與當權者抗衡的民間勢力。在商業得不到充分發展的情況下,幾千年來的中國一直處於小農社會。在小農社會裡,家庭(或家族)是從事生產、分配與消費的基本單位;家庭(或家族)裡的人倫關係是社會裡最重要的人際關係。在政治上,原本維繫家庭(或家族)人倫關係的倫理規範直接延伸為規範公共秩序的國家法律,例如移孝作忠,父權轉化為君權,從而形成法律的倫理化和倫理的法律化。這種以家庭(或家族)倫理為核心的倫理法毋寧是一種尚未充份發展的法律體系。因為在中國傳統倫理法之下,人們只曉得自己是一個能夠以道德理想自我要求的倫理主體,卻不曉得自己同時是一個享受權利、承擔義務的法權主體,遑論尊重他人也是一個法權主體。其實,人只有先成為法權的主體,才可能要求自己成為倫理的主體,因為倘若失去外在自由,任何內心的道德理想都將淪為空談。今日中國要邁向全方位的現代化,如何培養具有法權

意識的現代公民，毋寧是當務之急。

依照烏爾比安的三個公式劃分法權義務

　　以純理的法權概念爲基礎，康德建立了一個理性法
（Vernunftrecht）系統。康德認爲，這個系統可以從法權義
務的角度來劃分，而古羅馬法學家烏爾比安（Ulpianus, 170-
228）所提出的三個公式正可作爲劃分的原則。第一個公式
是：「做一個正直的人（honeste vive）。」康德將它闡述爲：
「讓你對他人而言，不只作爲工具，而是同時是目的。」這
是「內在的法權義務」（innere Rechtspflicht），亦即「對自
己的法權義務」（Rechtspflicht gegen sich selbst）。它就是「在
我們自己人格之內的人性的權利」（Recht der Menschheit in
unserer eigenen Person），簡稱「人性的權利」（Recht der
Menschheit）。所謂「人性」（Menschheit）是指人之所以爲
人的那部分，即睿智界的人（homo noumenon），亦即純理
而超感的人格。所謂「人性的權利」就是指睿智界的人（即人
性）對現象界的人（homo phaenomenon）的權利。詳言之，
現象界的人是感性的動物人（Tiermensch），而睿智界的人
則是超感的理性人（Vernunftmensch），一個理性人必然要
求感性的慾求應該服從理性的律則，這種要求即是「人性的
權利」。人性的權利並非嚴格意義的權利。因爲嚴格意義的

權利是一個主體對另一個主體的「外在權利」（auesseres Recht），而且總是涉及一種普遍的互相強制。然而，人性的權利是同一個主體之內的睿智界的人對現象界的人的「內在權利」（inneres Recht），而且只是片面的強制，亦即只有睿智界的人能強制現象界的人，而現象界的人卻不能約束睿智界的人。這種人性的權利若從義務的角度來看，便是同一個主體之內的現象界的人對睿智界的人所負有的「內在的法權義務」，也就是「對自己的法權義務」。

烏爾比安的第二個公式是：「勿傷害他人（neminem laede）。」康德將它闡述為：「勿對他人不法，為此之故，甚至必須遠離與他人的所有聯繫並避免一切社交。」這是一個主體對另一個主體的「外在的法權義務」（auessere Rechtspflicht），亦即「對他人的法權義務」（Rechtspflicht gegen andere）。它就是「他人的權利」（Recht der anderen Menschen 或 Recht der Menschen），意指他人「自然的權利」（natuerliches Recht）。所謂「自然的權利」是指在國家存在以前的自然狀態中就已經存在的權利，亦即「私法權」（Privatrecht）。第二個公式就是私法權的原理。必須注意的是，他人的權利不同於人性的權利，它是一個主體對另一個主體的外在權利，因此屬於嚴格意義的權利。康德認為與人相處，就難免侵犯他人的權利，因此他將「勿傷害他人」解釋為儘可能不與他人聯繫，並避開一切的交往。

　　烏爾比安的第三個公式則是：「給予每個人應得的東西（suum cuique tribue）。」康德將之闡述為：「進入某一種狀態，在這種狀態裡，每個人自己的東西都能獲得確保而免於他人的侵害。」這種狀態其實就是指國家狀態。這個公式所表述的法權義務就是要求在自然狀態下可能互相侵害彼此私法權的每個人結合起來，組成國家，由國家公權力來保障每個人的私法權。由此可知，在國家狀態裡，每個人原來在自然狀態下的私法權並未被剝奪，而是絲毫未損地以新的法權形式重新獲得。這種法權形式稱為「公法權」（oeffentliches Recht）。第三個公式便是公法權的原理。

　　其實，烏爾比安的第二個公式和第三個公式分別涉及了古希臘哲人亞里士多德（Aristoteles, 384-323B. C.）所說的「算術正義」和「幾何正義」。前者是指人與人之間完全站在平等相對待的基礎上，互為予求，又稱為「平均正義」或「交換正義」（iustitia commutativa），是私法權的原理，私人之間簽訂合同，發生債權關係，均應依「算術正義」為之。而「幾何正義」又稱「比例正義」或「分配正義」（iustitia distributiva），是指國家公權力在其與人民的關係上，應依各個人不同的成就、貢獻，依比例原則，分配各個人應得的部分，這種「分配正義」是公法權的原理。

　　康德的自然法系統除了可以從法權義務的角度，依照烏爾比安的三個公式來劃分外，也可以依照是否進入國家狀

態，劃分爲在自然狀態下無需公布的私法權，以及在國家狀態下需要公布的公法權兩部分。後者包括由國家公權力保障的私法權、國家法、國際法和世界公民法。康德特別指出，與自然狀態相對的是國家狀態，而非社會狀態，因爲即使在自然狀態下也有一定的社會組織存在，因此，與自然狀態下的私法權相對的公法權，乃是國家狀態下的法權，而非以前自然法學家所稱的「社會狀態」下的法權。其實，公法權屬於所謂「國家哲學」（Staatsphilosophie）的研究對象。國家哲學固然屬於法權哲學的一部份，但筆者擬另以專文討論，在此僅論述私法權。

天賦的權利

私法權乃自然的權利，又可分爲天賦的權利（angeborenes Recht）和獲得的權利（erworbenes Recht）。所謂「天賦的權利」是指無需藉助於任何法律行爲（如佔領或簽訂合同）而與生俱來的權利；這種權利與吾人的存在不可分離，既不能分割，也不能讓與，因此屬於「內在的我的和你的」（das innere Mein und Dein）。康德認爲，天賦的權利只有一種，就是獨立於他人意志強制的自由，只要這種自由能夠依照普遍的律則與所有其他人的自由和諧並存。正因爲自由是每個人天賦的權利，因此，每個人都有權只服從自己——或自己與他人

共同——制定的行為律則，這就是「自律」（Autonomie）。

正因為自由是每個人天賦的權利，因此，每個人都有要求他人不侵犯自己外在自由的權利，也都有不侵犯他人外在自由的義務；換言之，每個人都是既享受權利、又負擔義務的法權主體，而不是單純受他人意志強制的奴隸，這就是「自主」（eigener Herr zu sein）。正因為自由是每個人天賦的權利，因此沒有人應該比他人多受一點約束，也沒有人有權比他人少受一點約束；換言之，每個人生來都同樣地平等，不因性別、家庭出身、教育程度、職業或財富等經驗條件而有所差別。

然而，人憑什麼擁有天賦的權利？針對這個問題，康德以前的哲學家總是在上帝的意志、人類需求的滿足裡尋求解答，康德則完全從一個嶄新的角度，亦即從純理的觀點，為天賦的權利提出新的立證。康德認為，天賦的權利乃導源於人性的權利。詳言之，既然睿智界的我對現象界的我擁有人性的權利，則我在與他人交往的外部關係中，也可訴諸於在我自己之內的人性的權利，要求他人不得侵犯我的外在自由，這種要求就是天賦的權利。換言之，為了維護人性的權利，人必然擁有不可讓渡給他人的天賦的權利，唯有藉著天賦的權利，人才能抵拒來自他人或其他團體（含國家）的侵害。這種天賦的權利因為導自人性的權利，因此是人之所以為人所不可或缺的，所以也稱為「人權」（Menschenrecht）。

獲得的權利

　　至於「獲得的權利」則是指必須經由特定的法律行為而取得的權利。例如，甲欲支付一定的價金向乙購宅，只有雙方簽訂買賣合同之後，乙才有要求甲給付價金的權利。獲得的權利雖然和天賦的權利同屬於在自然狀態中就已經存在的私法權（即自然的權利），然而，獲得的權利卻必須以天賦的權利為基礎，因為只有當吾人擁有天賦的自由，才可能經由一定的法律行為而取得其他的權利。

　　與天賦的權利屬於「內在的我的和你的」不同，獲得的權利是以「外在的我的和你的」（das auessere Mein und Dein）為標的。所謂「外在的我的和你的」是指屬於法權主體所有的外在物（etwas Auesseres）。康德認為，「外在的我的和你的」可依照《純粹理性批判》裡的三個關係範疇（Relationskategorien）——實體（Substanz）、因果性（Kausalitaet）和共在性（Gemeinschaft）——分成三種。第一種是外在於我的形體物（koerperliche Sache ausser mir），而對這種形體物的佔有（Besitz）便是「物權」（Sachenrecht），例如甲擁有其住房的所有權。第二種是他人在合同裡承諾的履行行為（Leistung），而對他人承諾的履行行為的佔有便是「對人權」（persoenliches Recht），屬於現今所謂合同法的領域，例如甲和乙簽訂合同，約定甲應出賣其房屋於乙，

則乙便取得要求甲移轉其房屋所有權的權利。第三種則是與我之間有某種關係的他人的狀態（Zustand），而對這種狀態的佔有便是「有物權性質的對人權」（dinglich-persoenliches Recht），屬於現今所謂婚姻法、家庭法的領域，例如甲是乙的孩子，倘若甲離家出走，則乙有不經甲同意而強行將其帶回家的權利。

　　康德特別強調，物權的標的只能是外在的形體物，絕不能是人。人作為法權的主體，是他自己的主人，但不是他自己的所有者，因此不能隨意處分自己，包括自己的身體。例如人不能自願成為他人的奴隸，也不能在與他人的約定裡同意截斷自己的肢體。既然連成為自己的所有者都不可能，就更不可能是他人的所有者。其次，對人權涉及對他人意志的佔有，亦即由我的意志來決定他人的行為，因此不可能只經由我單方面的意志或行為而獲得，否則便侵犯了他人的外在自由。對人權的獲得只能經由雙方當事人互相一致的意志（vereinigte Willkuer），即經由合同而實現。經由合同，此方固然取得約束彼方外在自由的權利，但彼方也同時取得約束此方外在自由的權利。只有這種互相約束、而非片面約束的關係才符合法權律則的要求。

　　至於有物權性質的對人權則是把一個人當作物來佔有，卻同時把他看作人來對待的權利。涉及這種權利的關係主要是家庭成員間的關係，包括夫妻關係、親子關係等。以夫妻

關係而言，康德認為，夫或妻在性關係中讓自己成為由對方佔有的物，乍看之下似乎違反人性的權利，但由於這種關係是平等的佔有關係，亦即妻固然作為物而為夫所獲得，但同時夫也作為物而為妻所獲得，在互相獲得的條件下，彼此都重獲完整的人格。再以親子關係而言，康德強調，父母雖然有管教未成年子女的權利，然而，未成年子女也是人，也享有天賦的自由，因此，父母不能把他們看成是自己的財產而任意處置。至於有物權性質的對人權的內涵包括所謂「把一個人當作物來佔有」，是指當未成年子女被他人所佔有時，父母可以像取回自己的所有物一樣，向他人要回自己的子女，即使這麼做違反了子女的意願。

外在的我的和你的如何可能

此外，在物權問題上，康德並不問是否有「外在的我的和你的」，因為在現實生活中，人的確擁有某些外在物。康德只問「外在的我的和你的」如何可能，亦即只探討「外在的我的和你的」的可能性根據。這個問題其實涉及了私人所有權制度的正當性，因為私人所有權是「外在的我的和你的」的一種。在康德以前及其以後，許多哲學家都探討過私人所有權制度的正當性。事實上，所有權的內涵有二：其一是直接支配、使用所有物，其二是間接排除他人對所有物的支配

與使用。換言之，私人所有權在一定程度上限制了所有權人以外的其他人的自由。極端的共產主義者認爲私人所有權制度扼殺了人類的自由，爲了追求自由，必須取消這種不合理的制度；蒲魯東（Proudhon, 1809-1865）認爲，私人所有權在本質上乃是對人類共有財富的竊盜。相反地，許多自由主義者則根據歷史或人類學等經驗的理由，論證私人所有權制度的正當性。例如洛克（John Locke, 1632-1704）認爲，人類需求的滿足是私人所有權的理論基礎。康德則經由「外在的我的和你的」如何可能這個問題，來探討私人所有權制度的正當性。康德一方面與極端的共產主義者不同，他認爲禁絕一切私人所有權毋寧抵觸了法權和自由，亦即私人所有權的存在在法權上是正當而且必要的。另一方面，康德也與前述的自由主義者不同，他主張，私人所有權制度的正當性並非基於任何經驗的根據，亦即不在於它是人類現實生活或歷史經驗裡普遍存在的現象，也不在於它能滿足人類的需求；而是在於它是純粹理性的必然要求，亦即它是先天有效的法權秩序所不可或缺的重要組成部份。

康德主張，當我們說，某物在法權上是我的（das rechtlich Meine），這意味著，倘若他人未經我同意而擅自使用該物，便侵犯了我的外在自由。當該物在我物理力的掌控中時，前述主張當然成立，例如當我正在我的屋裡休息時，有人擅自闖入，便是對我自由的侵犯。然而，當該物脫離我物理力的

掌控時，前述主張也應該成立，例如當我離開我的房屋時，有人闖入，也是對我自由的侵犯。若非如此，根本不可能有任何東西確定地是我的，因為當它在我物理力的掌控中時，它固然是我的，但是一旦它脫離了我物理力的掌控，它便不是我的。由此可見，對「外在的我的和你的」的佔有，不能限於由吾人物理力直接控制的「物理的佔有」（physischer Besitz），這種物理的佔有乃是受制於時間或空間等經驗條件，而能夠為吾人感官察知的「經驗的佔有」（empirischer Besitz）或「感性的佔有」（sinnlicher Besitz）；物權必須是一種「純粹法權的佔有」（bloss-rechtlicher Besitz），這種純粹法權的佔有乃是擺脫時間或空間等一切經驗條件、基於純粹理性要求的「理性的佔有」（Venunftbesitz）或「睿智的佔有」（intelligibler Besitz）。

康德認為，「純粹法權的佔有」乃先天綜合的法權命題。它之所以是先天的，是因為法權命題屬於理性的律則。它之所以是綜合的，是因為它不預設任何物理的佔有，就把一個外在物歸屬於我，也就是說，即使該物未在我物理力的掌控中，只要有人擅自使用它，便可視為對我外在自由的侵犯。相反地，物理的佔有則是分析命題，因為當某物在我物理力的掌控中時，奪取它當然侵犯了我的外在自由。因此，外在的我的和你的如何可能這個問題可以表示為純粹法權的佔有如何可能，而這個問題又可表示為先天綜合的法權命題如何

可能。

康德認爲，純粹法權的佔有的可能性根據在於「實踐理性的法權公設」（rechtliches Postulat der praktischen Vernunft）：「每一個意志的外在對象都可能是我的。」（引自《法學的形而上學原理》第二節）詳言之，由於純粹實踐理性只涉及意志的形式，不考慮意志的實質（即其對象），因此它不可能把對象分成兩部份，一部份能夠合法地屬於我，而另一部份不能合法地屬於我；它只能主張，每一個意志的對象都可能是我的或不可能是我的。然而，承認後者無異否認了利用任何外在物的可能性，也就剝奪了人的外在自由。唯有承認每一個意志的對象都可能是我的，才能確保外在自由的實現，也才符合純粹實踐理性的要求。這種「實踐理性的法權公設」正是「外在的我的和你的」之所以可能的先天根據。

土地的始原共同佔有與始原獲得

然而，要使一個外在物成爲我的，必須經由某種獲得（Erwerbung）的程序。以物權而言，康德認爲，第一種獲得物只能是土地。因爲所有其他的物都附著於土地上，吾人可將後者視爲實體，前者視爲屬性。正如屬性不能脫離實體而存在一樣，只有先獲得土地，才可能進一步獲得土地上的物。關於土地的獲得，康德以前的格老秀斯和洛克有不同的

看法。格者秀斯認爲，土地最早是爲人類所共有的，後來經由共有人訂立合同，即經由共有人一致同意，才由共有轉變爲私人所有。相反地，洛克認爲，土地是經由勞動而獲得的，誰在某塊土地上從事生產，就是對那塊土地的加工，也就取得了那塊土地的所有權。康德則認爲，土地的始原獲得（urspruengliche Erwerbung）既不可能像格老秀斯所主張乃是經由合同的訂立，因爲吾人實在難以設想全體人類如何能對共有土地的分割達成一致的協議；也不可能像洛克所主張乃是經由勞動，因爲對土地的加工非但不是獲得土地的依據，反而是獲得土地的結果，只有先獲得土地，才可能合法地對土地加工。

康德認爲，始原獲得的可能性根據首先是對地球所有土地的「始原共同佔有」（communio possessionis originaria）。這種佔有是一種來自純粹實踐理性的先天概念，有別於作爲人類歷史最早階段的「原始共同佔有」（communio possessionis primaeva），它是個虛構的、無法證明的經驗概念。康德特別指出，始原共同佔有乃是全體人類對地球所有土地的共同佔有，所有土地都是人類的共有物（res omnium），沒有任何一塊土地可以被視爲「無主物」（res nullius）。其實，經由現今的太空法，可以幫助我們更具體地了解康德的這個看法。現今的太空法認爲，地球以外的星球歸全體人類所共有，這正是康德所主張的對地球的共同佔有思想的延伸。而從土

地的始原共同佔有轉變爲個人對共有土地特定部份的佔有就是始原獲得。康德認爲,始原獲得只能經由法權主體片面的宣布,亦即經由對某塊土地的「佔領」(occupatio)而實現。有人因此認爲,康德的始原獲得理論是一種有利於強者的理論,誰的力量大,誰就能獲得土地。其實不然,首先,康德所說的佔領並不以力量上的優勢爲標準,而是以時間上的優先爲判準;換言之,誰「先」佔領某塊土地,誰就擁有那塊土地,後來者即使力量再大,也無權取代先來者。其次,佔領必須是對始原共同佔有土地的佔領,對於已經有人佔領而爲某人私有的土地並無權佔領。

自然的權利只有在國家狀態下才能獲得確保

然而,在自然狀態下,所有的獲得,亦即所有外在的我的和你的都只是暫時的,因爲在自然狀態下,每個人固然都享有自然的權利,然而,每個人自然的權利卻隨時可能受到他人的侵害,而當受到他人的侵害時,又缺少一個公正的第三者裁判孰是孰非。爲了保障每個人自然的權利,凡是在外部行爲上有可能互相影響、即有可能互相侵害的每個人都應該結合起來,組成國家,由國家公權力以公法權的形式,保障每個人自然的權利。

總而言之,康德的法權哲學乃是批判自然法學。經由批

判，康德將純粹實踐理性運用到法權領域，從而將自然法改造並提升爲理性法。康德經由嚴謹的論證指出，法權不是任意構成的，不是某特定時代或社會的偶然產物，而是所有人的外在自由能夠依照普遍的律則和諧並存的必要制度。每個人作爲法權主體，都擁有源自人性而不可讓渡的天賦人權，這種天賦人權就是不受他人意志強制的外在自由。然而，外在自由絕非漫無限制的恣意，而是在普遍的法權律則規範下的外在自由。我固然是自己的主人，但是我也要尊重他人也是他自己的主人。只有在這種互爲主體性的基礎上，每個人的外在自由才能獲得確保，所有人的和平共處才能實現。由此可見，康德的法權哲學就是自由與和平的哲學。

康德的國家哲學

康德的國家哲學（Staatsphilosophie）構成其法權哲學（Rechtsphilosophie）的下半部。因為康德法權哲學所建立的批判自然法學（Kritische Naturrechtslehre）包括「私法權」（Privatrecht）和「公法權」（oeffentliches Recht）兩大部份。前者是指無需公布就先天必然有效的法權，亦即在自然狀態（Naturzustand）中就已經客觀有效的「自然法」（Naturrecht）以及每個人就已擁有的「自然權利」（natuerliches Recht）。後者則是指進入國家狀態後需要公布才有效的法權，這包括由公權力所保障的私法權、國家法（Staatsrecht）、國際法（Voelkerrecht）和世界公民法（Weltbuergerrecht），公法權就是康德國家哲學所研究的範疇。以康德法權哲學的主要著作──一七九七年出版的《道德形而上學》（Metaphysik der Sitten）的上卷，即《法學的形而上學原理》（Metaphysische Anfangsgruende der Rechtslehre）──而言，它的第一篇以私法權為探討對象；第二篇則以公法權為研究對象，亦即屬於國家哲學的範圍。此外，康德國家哲學的著作還包括一七八

四年的《在世界公民觀點下的普遍歷史理念》（Idee zu einer allgemeinen Geschichte in weltbuergerlicher Absicht）、一七九三年的《論俗語：這在理論上可能是對的，但在實踐上不適用》（Ueber den Gemeinspruch: Das mag in der Theorie richtig sein, taugt aber nicht fuer die Praxis）以及一七九五年的《論永久和平》（Zum ewigen Frieden）。

在這些著作裡，康德提出許多組重要的概念，諸如私法權（Privatrecht）／公法權（oeffentliches Recht）、暫時的（provisorisch）／確定的（peremtorisch）、自然狀態（Naturzustand）／國家狀態（buergerlicher Zustand）或法權狀態（rechtlicher Zustand）、野蠻的自由（wilde Freiheit）或無律則的自由（gesetzlose Freiheit）／合乎律則的自由（gesetzliche Freiheit）、專制（Despotism）／共和（Republikanism）、幸福（Glueckseligkeit）／權利（Recht）、革命（Revolution）／改革（Reform）、現象界的國家（respublica phaenomenon）／睿智界的國家（respublica noumenon）等等。這些概念無疑是對「國家」進行哲學反思時所必須掌握的基本概念。此外，在二次世界大戰之後，耶賓浩斯（Julius Ebbinghaus, 1885-1981）深刻反省納粹政權的倒行逆施，將康德的國家哲學總結為十條綱領，它是研究康德國家哲學所不可忽視的材料，筆者將於本文中一併予以探討。

國家存立的正當性根據

　　一般而言，政治哲學（political philosophy）雖然也探討國家，卻與康德的國家哲學有所區別。一般的政治哲學屬於價值哲學的範疇，其價值的設定帶有很大的任意性，且多把國家當作經驗性的概念或現象來考察，亦即以歷史學或人類學等經驗科學爲根據，探討國家事實上如何發生，例如研究奴隸制國家如何出現，又如何過渡到封建制國家乃至於資本主義國家。康德的國家哲學則不把國家當作經驗概念，而是把它視爲以先天的法權概念和原理爲基礎的理念（Idee）。換言之，康德並不從經驗上考察國家如何發生，而是先天地探討國家如何可能、國家是否必要，亦即爲國家存立的最後依據及其據以組成的基本原理提供純理而嚴謹的論證。

　　其實，自古至今一直有人否認國家的必要性，主張國家終將在未來的歷史進程中消亡。例如馬克思認爲，國家是階級壓迫的工具，當人類獲得完全解放之日，即是國家消亡之時。從經驗來看，歷史上乃至現實中的國家權力的確多掌握在特定階級或特定族群的手中，而迫害人權的情事也所在多有。然而，吾人不可因此遽認爲，國家的本質就是作爲強者的統治者對作爲弱者的被統治者的控制與壓迫，否則實無異於主張「強權即公理」（Might is right）。自古以來，每逢改朝換代之際，群雄逐鹿中原，雖說「馬上得天下」者眾，

但能「馬上治天下」者畢竟不曾多見。因爲亂世之中，固然槍桿子出政權，然而單純暴力統治、毫無民意支持的政權終究不能持久。國家是不可能只建立在「強權即公理」之上的，它必須擁有其他正當性的根源。而康德的國家哲學正是經由嚴謹的純理推論而證立國家的必要性及其目的：國家作爲一個理念，永遠是人們爲保障其最大範圍的外在自由和持久的和平共處所不可或缺的制度。儘管歷史上或現實中的國家總是不能盡如人意，但是，爲了保障每個人的權利，人們不但應該建立國家，更應該追求一個完美的國家憲法，進而努力促使所有的國家都結合成一個以永久和平爲目標的「世界國」（Weltrepublik）。

近代自然法學與法國大革命對康德的影響

其實，康德的國家哲學深受格老秀斯（Hugo Grotius, 1583-1645）、霍布斯（Thomas Hobbes, 1588-1679）、洛克（John Locke, 1632-1704）、沃爾夫（Christian Wolff, 1679-1754）、孟德斯鳩（Montesquieu, 1689-1755）、盧梭（Jean-Jacques Rousseau, 1712-1778）等人的影響，尤其是洛克的契約說，盧梭的國民總意志說，以及孟德斯鳩的三權分立學說。康德在大學講授「自然法」課程，逾二十年（自一七六七年至一七八八年），其間所採用的教材主要爲沃爾夫的學生——包姆

加頓（Baumgarten, 1714-1762）與阿亨瓦爾（Achenwall,
1719-1772）——有關自然法的著作。易言之，早在進入批判
期以前，康德即已開始從事自然法的教學、研究；進入批判
期以後，尤其在一七八一年《純粹理性批判》出版之後，康
德更著手探討如何建構一部最完美的國家憲法
（Staatsverfassung）。其後隨著一七八九年法國大革命的開
展：從自由、平等、兄弟愛的口號，《人與公民的權利宣言》
的頒布，一七九一年君主立憲憲法的制定，一七九三年一月
法王路易十六被送上斷頭台，同年六月第一共和憲法制定，
到雅各賓黨的恐怖統治……，在在對康德國家哲學的形成予
以深刻的影響。因此，康德國家哲學的主要著作多在一七九
三年九月以後出版。這意味著康德將其批判方法運用到自然
法的研究，一方面總結了近代自然法思想，另一方面也總結
了法國大革命的經驗與教訓。而如今康德也被學界公認為「法
治國家」（Rechtsstaat）的開山祖師。凡此種種對此刻正致
力於建設社會主義法治國家的中國而言，康德的國家哲學值
得吾人深入研究。

　　康德論證國家的必要性深受霍布斯的影響。霍布斯認
為，人為了求生存，有不斷擴充自己利益的傾向，甚至因此
侵害他人也在所不惜，因此，在還沒有國家的情形下，亦即
自然狀態（status naturalis）實無異於「所有人對所有人的戰
爭」（bellum omnium contra omnes）。康德承襲霍布斯的思

路，認爲人有自私的傾向，因此在自然狀態中，每個人都想無限制地延伸自己的權利主張，而無視於他人的權利要求。當人與人之間發生權利爭議時，由於缺乏公正的第三者裁決，每個人遂基於其自身的權利判斷（Rechtsurteil），自以爲其主張是正當的，並動輒使用私人暴力（Privatgewalt），來貫徹自己的權利主張。如此一來，權利實無異於強者的利益。然而，誰又是強者？「此時」的強者無論在智力或體力上，終有衰退的一天，「彼時」就會出現另一個強者。此外，智力或體力的強者也未必鬥得過狡詐卑鄙的強者。由此可見，所謂「強者」原無客觀的標準，他隨時可能失手成爲弱者。如此一來，所謂代表強者利益的「權利」也就充滿不確定性。

康德的權利概念跨越階級界線

其實，康德認爲，權利概念（Rechtsbegriff）原本並非因時而異，而是個對任何時、任何地的任何人都有效的純粹理性概念。它的內涵被耶賓浩斯界定爲「權利乃是每個人的『外在自由』，只要此『外在自由』能夠與所有其他人的『外在自由』依據律則和諧並存。」（康德國家哲學大綱第二條）換言之，在每個人的外在自由處於交互影響的關係中，必然存在著普遍有效的權利律則，否則各個人的外在自由便可能互相

抵觸、乃至互相毀滅。因此，所謂「權利」絕非漫無限制、爲所欲爲的「野蠻的自由」（wilde Freiheit）或「無律則的自由」（gesetzlose Freiheit），而是在普遍的權利律則規範下的「合乎律則的自由」（gesetzliche Freiheit）。唯有如此，才能同時保障最大範圍的外在自由，並維繫持久的和平共處。

　　耶賓浩斯進一步闡述：「這種『權利』概念絕非個人主義式的或是非社會的。這種『權利』概念毋寧明顯地蘊含著任何人類生活共同體之所以可能的條件。」（康德國家哲學大綱第四條）這裡所謂「絕非個人主義式的或是非社會的」是指，這種權利概念既非——與個人主義或資本主義相表裡的——「自由主義」的，亦非——與個人主義或資本主義相對立的——社會主義的。在耶賓浩斯重構康德國家哲學大綱的時候，也正是東西歐處在冷戰對峙的時期，德國陷於分裂狀態。社會主義陣營批評所謂「權利」其實是「資產階級法權」的代名詞而已。在東歐建立社會主義政權之後，由共產黨所領導的無產階級取得國家主控權，而國家既然是階級壓迫的工具，爲了捍衛新政權，有必要將權利概念倒置過來，成爲鞏固無產階級政權、防止資產階級復辟的工具。因此，對權利的任何詮釋一定要配合政治改造的需要，法權喪失了其獨立自主的威嚴，完全服膺在政治支配之下。其結果是造成執政的共產黨官僚完全脫離法權的約束，可以爲所欲爲，貪腐現

象極爲嚴重，成爲一個新貴階級，呈現出另一形式的「強權即公理」，終於在柏林圍牆坍塌之後，土崩瓦解。而耶賓浩斯則早在六十年代初即指出這種扭曲的權利概念不足以成爲權利，另一方面他也指出康德用批判方法所建立的權利概念也與「資產階級法權」大有不同，因爲後者源自（近代專制王權沒落後）新興工商階級受到時代制約的價值觀。康德的權利概念則是一個純粹理性概念，康德經由先天概念與原理來證立權利概念，而「任何人類生活共同體之所以可能的條件」，亦即國家之所以可能的條件即蘊含在此權利概念之中。

　　由此可知，權利概念原本與每個人外在自由的和諧並存密不可分。由於在自然狀態中，權利往往淪爲強者的利益，每個人都是他自己權利的立法者、執行者兼裁判者。而人畢竟不是完全理性的，難免受到內心欲念或外在誘惑的影響，而無法嚴格按照純理的要求，公正地對自己的權利進行立法、執行和裁判，反而易於肆意主張自己的權利，並用暴力來貫徹自己的權利主張，甚至因此侵犯他人的權利也在所不惜。康德認爲，在自然狀態中，每一個人都擁有某些「自然權利」（natuerliches Recht），即「私法權」。它包括——每個人由於其人性（Menschheit）而與生俱有且不可讓渡的——「天賦的權利」（angeborenes Recht），亦即不受他人意志強制的自由，以及——基於此天賦的權利，經由特定的法律行爲而取得的——「獲得的權利」（erworbenes Recht），如

物權、對人權以及有物權性質的對人權。然而，在自然狀態
中，所有這些權利都只是「暫時的」（provisorisch），因為
它們隨時可能被他人侵犯或奪取。換言之，在自然狀態中，
每個人固然可以恣意地主張自己的權利，但卻也沒有一樣權
利可以獲得確保。因此自然狀態其實是一種權利普遍得不到
保障的狀態，也就是一種「失權狀態」（Zustand der
Rechtlosigkeit）。

離開自然狀態是理性的必然要求

在這種失權狀態裡，人與人之間的權利爭議只能以暴力
相向解決，而無論結果如何，沒有任何一方可以被認為對他
方做了不法的行為。因為既然雙方都可以訴諸暴力，而不是
只有單方有權使用暴力，則這種暴力的運用便符合「作用力
與反作用力恆等」的權利律則，亦即一方以對他方外部行為
的強制（Zwang）來限制他方自由的恣意運用，而他方也以
對此方外部行為的強制來限制此方自由的恣意運用。換言
之，對不法的行為（即作用力）予以強制排除（即反作用力），本
身就是合法的行為。

然而，人只要有理性，必然認識到，停留在自然狀態之
中乃是一種最大的不法。因為在自然狀態中，權利概念只不
過是個空洞的概念。權利本應是「合乎律則的自由」，在自

然狀態中卻淪為毫無律則可資依循的「野蠻的自由」。如此一來，權利已不成其為權利，而是被赤裸裸的暴力所取代。因此，純粹實踐理性必然要求我們，「在與所有其他人無可避免的相鄰關係中，你應該離開自然狀態，進入法權狀態，也就是有分配正義的狀態。」（引自《法學的形而上學原理》第四十二節）康德稱之為「公法權的公設」（Postulat des oeffentlichen Rechts）。

所謂「法權狀態」（rechtlicher Zustand）是指能夠讓每個人獲得他應有的權利的狀態，其實就是國家狀態。因為在自然狀態中，大家都處於失權狀態，為了有效保障每個人的自然權利（即私法權），只好讓出每個人部分的權利，亦即放棄使用私人暴力（Privatgewalt）來解決衝突的權利，而共同組成一個公共暴力（oeffentliche Gewalt），亦即公權力，由它根據——由所有人的私人意志（Privatwille）所結合而成的——普遍意志（allgemeiner Wille），制定公共的外在強制律則，亦即公法權，並據以執行、裁判，以公正地保障每個人的私法權。這個公共暴力的載體就是「國家」。

至於所謂「分配正義」（iustitia distributiva）乃相對於「交換正義」（iustitia commutativa）而言。後者是指人與人之間完全站在平等相對待的基礎上，互為予求，係屬於私法權的原理。前者則是指國家在其與人民的關係上，應依各個人不同的貢獻和成就，依比例原則，分配每個人應得的部

分，係屬於公法權的原理。交換正義和分配正義雖然同屬於公共正義（oeffentliche Gerechtigkeit），但是，在一般情況下，公共正義往往專指分配正義。這是因為若無國家依照分配正義的原理，強制每個人遵守交換正義，則以交換正義為基礎的私法權必然不時處於他人侵奪的威脅中，因而只是「暫時的」（provisorisch）。只有經由國家貫徹分配正義，以公法權的形式保障每個人應有的私法權，使其免於他人的侵奪，私法權才能由「暫時的」變成「確定的」（peremtorisch）。由此可見，沒有國家貫徹分配正義，即無公共正義可言。

自然狀態與始原契約都是理性概念

「公法權的公設」就是要求在外在自由上處於交互影響狀態的人們，亦即在外部行為上有可能互相侵害的人們，都有義務相約放棄使用私人暴力，共同組成公共暴力，以建構一個法權秩序，並貫徹公共正義的要求。而大家相約放棄使用私人暴力，共同組成公共暴力的契約，則稱為「始原契約」（urspruenglicher Vertrag或Urvertrag）。這個始原契約便是國家存立的最後依據。康德特別強調，始原契約並不是個經驗概念，亦即並非在歷史上某一個時點上確實簽署過。因為吾人實在無法證明人類曾經簽署過這樣一個契約。何況，始原契約若是個經驗概念，則根本不可能為國家存立的必要性提

供普遍且必然有效的理據。因為經驗概念都只能相對有效而已。此外，如果始原契約是個經驗概念，則將陷入自相矛盾。因為既然是個經驗概念，那就意味著，這樣的契約可以一簽再簽，只要普遍意志認為有必要的話。而涉及國家存立的契約只能簽一次，才叫始原契約。之所以稱為始原契約，主要是用來與憲法做一區別。憲法在某種意義上是統治者與被統治者間所訂的契約，也是規範國家生活的根本大法，但它卻可以隨著形勢發展的需要一再修改。始原契約作為一個純粹理性概念而言，它是人們為了擺脫失權狀態，建立法權秩序，而由純粹實踐理性所要求的公法權公設，它必然是一次性的。康德認為，始原契約雖然是個理性概念，然而，它卻具有實踐上的客觀實在性（objektive Realitaet），也就是從理性上來看，必然是大家應該如此默認，否則國家的存立根本就不可能。換言之，始原契約作為一個理念，正是國家存立的先天依據，因此可以為國家存立的必要性提供普遍且必然有效的理據。

就如同始原契約一樣，「自然狀態」（Naturzustand）乃是指國家出現以前的狀態，它也不是經驗概念，而是理性概念。自然狀態並非歷史上存在過的事實，而是為了論證國家何以必要的先行假定。因為在遠古時代人類即是群居動物，其結合形態無論是血緣的氏族、氏族聯合，或是地緣的部落、城邦，以至後來的帝國、民族國家，它們盡管規模、名稱、

組合形式各各不同，但所扮演的國家角色，即以公權力爲後盾，貫徹公共正義，則毫無二致。換言之，從一有人類時，就有國家。所謂的自然狀態，在人類學上很難證明其確曾存在過。然而將自然狀態設想爲國家形成前的一種每個人都享有「野蠻的自由」的狀態，從而論證國家何以必要，則自然狀態不失爲一個在實踐上具有客觀有效性的理念。這猶如康德在論述法權主體時，藉用上帝理念（有權利、無義務）來說明，奴隸只有義務而無權利，「物」（Sache）則既無權利也無義務，而只有「人」（Person）才是既有權利也有義務的法權主體（Rechtssubjekt）。

國家的目的在於保障每個人的自然權利

霍布斯雖然也認爲人們經由始原契約建立了國家，但是他卻主張，經由始原契約，人們把其所有的自然權利都交給了國家，如此一來，國家實無異於人間的上帝，可以任意支配人民，而人民則喪失了一切的權利和自由。康德則認爲，經由始原契約，人們各自的私人意志結合成一個普遍意志，一方面固然捨棄了自然狀態下的「野蠻的自由」，另一方面卻獲得「合乎律則的自由」，亦即由普遍意志制定的法權律則所規範的自由。換言之，經由始原契約，人們只放棄了使用私人暴力來解決衝突的權利，其他所有的自然權利則絲毫

不滅地在國家狀態中以公法權的形式重新獲得,並以公權力為後盾獲得確實的保障。因此,耶賓浩斯說:「『國家』乃是人們為了保障每個人的權利所結合而成的群體。」(康德國家哲學大綱第一條) 由此可見,國家的目的即在於保障每個人的權利。國家本身絕非目的,它只是保障每個人權利所必要的制度而已。易言之,保障權利正是國家存立的必要性與正當性的基礎。

其實,國家存立的必要性的人性基礎在於人類的「非社會的社會性」(ungesellige Geselligkeit)。人類一方面由於其「社會性」(Geselligkeit)而有合群的傾向,因為只有在社會中,每個人才能得到別人的協助、提攜,從而其人格也才得以發展;但是另一方面,人類也有「非社會的」(ungesellig)傾向,因為人總是追求自由,希望不受他人意志的強制。這種「非社會的社會性」使得人們在追求自己自由極大化的同時,又迫於自由的濫用所帶來的群體生活覆滅的威脅,於是不得不結合起來,組成國家,由國家制定規範人們外部行為的法權律則,以保障每個人的自由,並維繫群體生活的和平,使人性中的社會性與非社會性獲得緩解。因此,康德說:「國家是一群人在法權律則下的結合。」(引自《法學的形而上學原理》第四十五節) 這裡所謂的「法權律則」(Rechtsgesetze)不是在特定時空條件下有效的實證法律,而是以純理的法權概念為基礎的先天且必然有效的律則。值

得一提的是，法權律則所規範的對象只是人的外部行為，並不涉及人的內心立意。換言之，法權律則並不要求人必須根除其內心裡的不合群傾向，也不要求人必須出自內心真誠地關懷他人的自由。因為即使我內心裡完全不關心他人的自由，甚至千方百計想侵犯他人的自由，但只要我的外部行為依循法權律則，他人的外在自由仍可絲毫無損。法權律則只要求，每個人在運用自己的外在自由時，不能漫無限制，而是應該受到普遍律則的約束。

國家可譬喻成一群惡魔的組合

因此，康德說：「一個人即使不是一個道德良好的人，仍然會被強制成為一個良好的公民。建立國家的問題無論聽起來是多麼艱難，卻是連一個魔鬼的民族（只要有理智）也能解決的」，這就是說：「一群有理性者為了保存自己而共同要求普遍的律則，但是他們中的每一個又秘密地傾向於把自己除外；他們是如此安排並建立他們的體制，亦即儘管他們各自內心的追求互相對立，卻又如此之互相防止了這一點，亦即在他們的公開行為中，其結果正好像他們並沒有這種惡劣的心意一樣。」（引自《論永久和平》）康德在此無異認為，國家可以設想為一群惡魔的結合，每一個惡魔都絞盡腦汁，想方設法擴張自己的利益，即或犧牲其他惡魔同伴的利益也

在所不惜。然而國家既然是大家結合在法權律則下的共同體，則不管每個惡魔的內心立意如何惡劣，至少其外部行為不得違反法權律則的要求，否則必然受到法律的制裁。如此一來，由其外部行為乍視之，似乎每個惡魔自始即不曾存有侵犯他人之故意。這就是「法治國家」（Rechtsstaat）或「法治」（rule of law）的精義所在。換言之，法治國家並不要求人民或統治者必須是一個道德良好的人，這種要求人民或寄望統治者道德高尚的心態，往往成為孕育專制統治的溫床。法治國家只要求人民成為一個好公民，也就是在外部行為上必須遵守法律；此外，法治國家要求政府也要遵守法律，不得遂行任意統治。至於個人的道德理想、良心自由或人生價值，則國家不得過問，而應委由個人自行設定，從而矢志追求。

作為人的自由

如上所述，國家是人們為了保障每個人的權利所結合而成的群體。而由國家藉著公法權所保障的權利，則可歸結為三種：首先是作為人的自由，其次是作為臣民的平等，最後則是作為公民的獨立自主。康德認為，這些權利並不是從歷史上或現實存在的國家秩序裡歸納出來的，而是以純理的人權概念為基礎，並且是建構任何一個國家所必須遵循的先天

原理。

「作爲人的自由」是指沒有任何一個人能夠強制別人按照他所設想的方式去追求幸福，而是每個人都可以按照他自己所喜愛的途徑追求幸福，只要他的行爲能夠按照普遍的律則與所有人的自由和諧並存。「作爲人的自由」即意味著，在不違背普遍律則的情況下追求幸福的自由。這種自由是每個人的天賦權利，它是每個人因其爲人所不可或缺的，因此康德稱之爲「作爲人的自由」。而國家的首要職責就在於保障這種「作爲人的自由」，而非追求人民的幸福。康德說：「一個建立在對人民——就好比父親對子女般——關愛的原則上的政府，稱爲『家長式政府』（vaeterliche Regierung）。這種政府視臣民如同未成年子女一般。由於未成年子女尙無法辨別何者對他們有益，何者對他們有害，因此臣民也得被迫相信統治者的善意，依照統治者所做的判斷，來決定其追求幸福的方式。這種家長式政府乃是可能想像得到的最大的『專制』。這種專制政體剝奪了臣民的所有自由，他們也因此喪失了一切的權利。」（引自《論俗語：這在理論上可能是對的，但在實踐上不適用》）如果政府把老百姓看作是乳臭未乾的子女，處處替他們決定追求幸福的方式，也就否定了人民運用理性的能力，從而也否定了人民有就公共事務公開運用其理性，並發表與統治者意見相左的言論的權利，這就徹底否定了人權，這種家長式政府無疑是最專制的政府。

其實，「人民的幸福」也就是一般人所稱的「人民的利益」。所謂「利益」是指需求的滿足。而「需求」往往因人、因時、因地而異，原無客觀的標準可言。至於「滿足」，則指主觀上十分適意的心理狀態，也很難客觀地加以界定。換言之，「利益」不是理性概念，而是經驗概念，從中無法導出能夠規範人們外部行為的普遍且必然有效的律則。相反地，「權利」則是理性概念，它本身就蘊含著先天的法權律則，能夠作為規範人們外部行為的普遍且必然有效的標準。何況，縱使人想要滿足自己或他人的需求，在人要有所作為之前，必須先「能」有所作為，而要「能」有所作為，必須享有某種不受他人侵犯的「外在自由」，這就是「權利」。因此，耶賓浩斯主張：「『人的權利』是以不得與『人的利益』相混淆。『權利』並非用以保障人們需求的滿足，而是用來保障——為了滿足此需求——人們有做他們想做的事的自由，只要其所願望之事與普遍律則能相並存。」（康德國家哲學大綱第三條）按照始原契約的精神，國家的首要職責在於建立一個能夠最大程度地保障人民權利的法權秩序，亦即依據法權律則，維護每個人最大範圍的外在自由。只有在保障權利、捍衛自由的最高條件下，國家才能進一步追求人民的利益，亦即人民的幸福。倘若本末倒置，以利益（即幸福）取代權利（即自由）作為國家運作的最高原則，則人民的權利與自由將被剝奪得一乾二淨，而強者的利益與幸福將不可免地成

為是非曲直的判準。

其實，國家的主要職責到底是保障人民權利，還是滿足人民的需求，亦即當權利與利益衝突時，哪個才配成為指導國家行為的最高原則？這個問題猶如孟子在梁惠王第一章所提的義利之辨問題。作為一個正直的人，不應該見利忘義、先利後義，更不該背義逐利。但這並不意味著人不能求利，而是說只有在不違背道義的情形下才能求利。換言之，求利也是道德律所要求的行為，但求利本身卻不得成為最高的道德準則。同樣地，國家之所以存立的原因既然是要保障每個人的權利免於「野蠻的自由」的侵犯，因此，一個合法的政府固然要增進人民的福祉，但不得以犧牲人民的權利為代價。國家只能在不違反人民權利的條件下去增進人民的福祉，而不得以增進人民福祉為藉口，而置人民的權利於不顧。

作為臣民的平等

其次，「作為臣民的平等」是指每一個國民都擁有對其他國民的強制權（Zwangsrecht），唯獨國家元首（Staatsoberhaupt）例外。因為根據權利概念，我有權強制他人的外在自由應該按照普遍律則與我的外在自由和諧並存；同樣地，他人也有權強制我的外在自由應該按照普遍律則與他的外在自由和諧並存。這種合乎律則的普遍互相強制的可

能性正是權利概念的核心。然而，在自然狀態中，人們往往濫用強制，使得強制不再是合乎律則的強制，而是淪為單純的暴力。為了實現真正合乎律則的互相強制，人們組成國家，使每個人運用強制都必須服從於公法權的律則。例如當某人傷害了我，我不能因此傷害他作為報復，而必須訴諸法庭的裁判，由國家根據法律對他施以刑罰。由此可見，就強制的權限而言，所有人都完全平等。換言之，儘管就體力、智力或財富等等而言，人與人之間總是存在著不平等。然而，根據權利概念，作為臣民的所有人都是平等的。除非經由公開的審判，否則沒有任何人能夠強制其他人。除非由於犯罪，否則任何人都不能被剝奪這種強制權，也沒有任何人能自願放棄這種強制權。因為一旦放棄它，人將不再是自己的主人，他將無法抵擋來自他人意志的無理強制，而成為只有義務而無權利的奴隸。

然而，康德認為，作為臣民的平等並不適用於國家元首。因為在法權狀態下，每個人運用強制都應該服從法律的規範，而國家元首既然是法律的最高執行者，因此，任何強制的運用也應該服從國家元首，亦即國家元首可以強制臣民，臣民卻不能強制國家元首。若非如此，國家元首就不成其為法律的最高執行者，而人與人之間強制的運用也將因為缺乏法律最高執行者的仲裁，而再度墮入以暴易暴的自然狀態。

根據作為臣民的平等，每一個人都應該能夠擁有因自己

的才幹、勤奮或運氣所能獲得的任何一種社會地位。沒有人能擁有天賦的優先權（angeborenes Vorrecht），也沒有人能讓他的後代繼承他在世時所擁有的優越地位。財產固然可以繼承，而因此帶來的財富不平等也可以容許，但是富人不得阻止窮人有可能經由自己的努力或運氣而獲得跟他們同樣的地位，否則便違反了作為臣民的平等原理。

作為公民的獨立自主

至於「作為公民的獨立自主」則是指一個國民不靠其他國民的意志，而僅憑自己的力量來維持其生活。唯有這樣的國民才有權參與法律的制定而擁有投票權。康德稱呼這些擁有投票權的公民為「積極公民」（aktiver Staatsbuerger），以區別於沒有投票權的「消極公民」（passiver Staatsbuerger）。康德認為，積極公民必須具備兩個條件：首先是天然的資格，即他不能是未成年人或女人；其次是經濟上的獨立自主，即他必須是自己的主人，亦即憑藉某種財產（包括技能、手藝、藝術或知識等等）獨立維持生活。也就是說，在他為了生活而必須取之於他人的情況下，也只是經由轉讓屬於自己的東西而取得，而不是經由使用自己的力量為他人工作而取得。因此，像佃農或勞工等等經濟上不獨立的人都是沒有投票權的消極公民。

康德認為女人與經濟上不獨立的人不能享有投票權,這是時代的偏見。其實,要求公民在經濟上必須獨立自主,與人的自由及平等權利難以相容。因為人既然是同樣自由及平等,則一群經由始原契約組成國家的人,就應該同樣擁有參與制定法律的權利。然而,吾人也不必因此過份苛責康德。畢竟勞工和婦女之取得普遍選舉權乃是一次大戰之後的事。何況康德認為,消極公民雖然不能參與法律的制定,卻有權要求實證法律不能違反自然法的精神:所有人都是同樣地自由,也同樣地平等;因此有權要求實證法律必須讓經濟上尚未獨立的人們,可以經由自己的努力而成為經濟上獨立的積極公民。至於未成年人由於心智尚未成熟,不能享有完全的法律行為能力,因此也不能享有投票權,自不待言。

純粹共和的組成原理

就國家的組成原理而言,康德認為,最符合始原契約精神的政體乃是「純粹共和」(reine Republik),或稱「共和」(Republikanism)。它能夠讓人民的自然權利獲得國家公權力最充份的保障,也就是讓所有人的外在自由在公法權律則的規範下和諧並存。康德之所以在「共和」之前加上「純粹」一詞,這是因為「純粹共和」作為一個完美的政體,並非一個經驗概念,亦即不是從歷史上或現實存在的國家秩序中歸

納出來的原理；它是一個理性概念，亦即是根據純粹的法權概念和先天的法權原理建構而成的理想。因此，一個完全按照純粹共和的理念建構起來的國家便是一個「理念中的國家」（Staat in der Idee），又稱為「睿智界的國家」（respublica noumenon）。它有別於歷史上或現實存在的國家，那是「經驗中的國家」（Staat in der Erfahrung），或稱為「現象界的國家」（respublica phaenomenon）。

理念中的國家乃是任何一個經驗中的國家應該永不止息趨近的理想。康德說：「追求憲法與法權原理最大一致的狀態乃是理性經由斷言令式（kategorischer Imperativ）責成於我們的。」（引自《法學的形而上學原理》第四十九節）康德的意思是說，不斷改良「經驗中的國家」的體制，使其持續接近「理念中的國家」的理想，乃是純粹實踐理性的必然要求。其實，吾人可以用正圓來代表圓滿的理念中的國家，而用橢圓來代表不盡圓滿的經驗中的國家。兩圓的關係是部分互相重疊。當重疊的部分愈大，代表經驗中的國家愈趨同於理念中的國家的要求，即人民的權利愈能獲得公權力的保障，因此正當性愈高。當重疊的部分愈小，代表經驗中的國家愈遠離理念中的國家的理想，即人民的權利愈得不到公權力的保障，因此正當性愈低。當兩圓重疊的部分小至幾近分離時，代表經驗中的國家的重要制度均已違反理念中的國家的原理，這意味著人民的權利不但得不到國家的保障，還不時受到公權力

的侵犯，如此一來，經驗中的國家的正當性便出現危機，甚至瀕臨革命的邊緣。

然則，一個理想的共和政體的內涵究竟爲何？藉由與共和相對立的政體——即專制政體（Despotism）——的比較，可以讓吾人更深入地了解共和政體的實質。共和與專制的區別主要有以下幾個方面。首先，共和政體以保障人民的權利爲最高原則，專制政體則以追求共通善（bonum commune），即公共利益或人民的幸福爲最高原則。如前所述，國家的首要職責在於保障人民的權利，而非滿足人民的需求。國家只有在不侵犯人民的權利與自由的條件下，才能追求公共利益或人民的幸福。倘若本末倒置，以幸福取代權利作爲國家的最高原則，則人民的權利與自由必將喪失殆盡，國家也就失去了存在的正當性。

國民總意志、代議制度與權力分立

其次，在共和政體中，統治權的行使必須根據人民的普遍意志，這就是現今所謂的「國民主權」——主權爲全體人民所共有，統治者的權力應建立在被統治者同意的基礎上。反之，在專制政體中，統治權的行使則決定於個人意志，亦即統治權爲統治者個人或統治階級所私有。康德說：「立法權只能屬於國民總意志（vereinigter Wille des Volkes）。因爲

所有的權利都應該由立法權產生，因此，立法權必須不能經
由法律而對任何人不法。倘若由某人自己決定與他人有關之
事，則他往往可能因此對他人不法，但是在他決定與自己有
關之事時，卻不會發生這種情形（因為自己不會傷害自己）。因
此，只有所有人相一致與相結合的意志——每一個人為所有
人以及所有人為每一個人決定同一件事，亦即只有普遍的國
民總意志才能立法。」（引自《法學的形而上學原理》第四十六節）
然而，在現實中，不可能由全體人民來立法，因此，只能由
人民藉著定期選舉，委任其代理人組成的議會來代表人民行
使立法權。這種「代議制度」（repraesentatives System）正
是國民主權原則的體現。因此，康德說：「共和政體只有在
代議制度中才有可能，沒有代議制度的政體……便是專制和
暴力的。」（引自《論永久和平》）

　　再者，共和政體實施權力分立，專制政體則權力集中。
在康德之前，孟德斯鳩已提出權力分立與制衡的學說。孟德
斯鳩認為，國家公權力可分為三種，即制定法律的權力（立法
權）、執行法律的權力（行政權）與裁決法律的權力（司法權）。
這三種權力中的任何兩種權力或三種權力若同時集中於一人
或一群人之手，則人民的權利與自由即無所保障。因為一人
或一群人同時擁有立法權與行政權則可為所欲為。行政權與
司法權結合，則即使胡作非為也可經由自己的裁判披上一層
合法的外衣。只有在三權分立且相互制衡的情況下，人民的

權利與自由才有保障。康德繼受了孟德斯鳩的權力分立與制衡的思想，並賦予更深刻的哲學意義，亦即以邏輯三段論法的大前提、小前提與結論來比擬立法權、行政權與司法權：大前提有如體現國民總意志的法律，小前提如同行政機關依據法律對具體情況所做出的行政行為，結論則相當於法院對行政機關的行政行為是否合乎法律所做出的裁判。康德認為，這三種權力一方面是並列的（即分立的），亦即一種權力是另一種權力的補充，每一種權力都是構成一個完善的政體所不可或缺的。另一方面，它們又是互相隸屬的（即互相制衡的），亦即任何一種權力不能逾越自己的權限去篡奪其他權力的職能。只有在權力的互相並列與互相隸屬中，人民的權利才能獲得保障。

政體的改良遠較國體的變更重要

值得一提的是，康德認為，共和或專制屬於「政體」（forma regiminis）的範疇，有別於「國體」（forma imperii）。國體係針對統治者的數目而言，政體則涉及統治者對人民的統治方式。國體可區分為一人統治的君主制（Autokratie）、一群人統治的貴族制（Aristokratie）和所有人統治的民主制（Demokratie）。政體則分為共和與專制兩種。康德主張，就人民權利的保障而言，政體遠比國體來得重要。只要採行

共和政體，無論國體爲君主制、貴族制或民主制，同樣能有效保障人民的權利。舉例來說，當今的英國和日本均採用君主制，卻沒有人能否認它們是民主國家。其實，今日一般所謂的「民主」是就政體而言，與康德所說的作爲國體的「民主」可說風馬牛不相及。康德將國體區分爲三種，其實是依循亞里斯多德在《政治學》中的分類。今日所謂的民主政治其實相當於康德所說的作爲政體的「共和」。康德甚至認爲，就實現共和政體的可能性而言，貴族制比民主制，而君主制又比貴族制更容易達到純粹共和的理想。因爲統治者的人數愈少，他們的代表性就愈大。反之，民主制極易導向專制，而且民主制之下的專制還是所有專制之中最可怕的。因爲民主制所標榜的理想 —— 由所有人來統治 —— 畢竟不可能實現，因爲不可能在任何問題上，所有人的意見都達成一致；因此在實際操作上，便只能由多數人來統治，而多數人統治往往易流於多數暴力，亦即多數人仗恃著自己是多數，遂以公意爲名，爲所欲爲，甚至因此侵犯、否定少數人的人權也認爲理所當然；更有甚者，公意常常會被少數野心家所利用，而成爲其遂行名爲「民主」，實爲獨裁的專制統治的工具。德國納粹政權以「民族正義」（voelkische Gerechtigkeit）之名迫害人權，即是活生生的例子。

總之，康德認爲，採用哪一種國體並不重要。因爲沒有任何一種國體會被理性認爲是必然地比其他兩種優越。每一

個國家的國體都是由許多複雜的歷史條件或經驗因素所形成的。只要基於自古以來的習慣認爲它對國家機器的運作是必要的，它就應該可以繼續維持下去。然而，另一方面，純粹理性卻始終要求我們，國家的政體必須與始原契約的精神一致，也就是必須採行能夠充分保障人民權利的「純粹共和」。在純粹共和中，「法律本身就是統治者，而不依賴於特殊的個人。」（引自《法學的形而上學原理》第五十二節）任何一個國家即使不能馬上達到這個目標，也必須有耐心地經由逐漸而持續的改良朝向這個理想邁進。

人民對國家的服從義務

康德在主張國家應該建立共和體制以保障人民權利的同時，也強調人民有服從國家公權力的義務。這是因爲，倘若沒有國家，「法權」根本是個無法實現的空洞概念。詳言之，在沒有國家的自然狀態中，每個人固然都是自己權利的立法者、執行者和裁判者，卻沒有一個人的權利能夠獲得確保。只有每個人都放棄對自己權利的恣意立法、執行和裁判，建立所有人共同服從的國家公權力，來貫徹公共正義，亦即由立法權制定有關人民權利與義務的法律、由行政權據以執行、由司法權據以裁判，才能確實保障每個人應有的權利，並有效限制其權利的濫用。因此，康德主張，最高立法者所

制定的法律是「不可責難的」（untadelig），最高執行者所發布的命令是「不可反抗的」（unwiderstehlich），而最高裁判者所做出的判決則是「不可變更的」（unabaenderlich）。試想倘若連最高的立法權、行政權和司法權都不能約束人民，則國家只不過徒具虛名而已。因為在這種情況下，就再也沒有其他權力或其他人有資格要求所有人民的服從，這無異於回到每個人都是自己權利的立法者、執行者和裁判者的自然狀態。因此，耶賓浩斯說：「對國家權力之所以有服從義務的理由。國家乃是所有──想免於不義不法──的人之意志的結合。這種結合是必要的，因為唯有此結合能保障每個人的權利。每個人為了保護其權利必須服從此結合。因為每個人，依據權利律則自身，必須服從這個意志──任何人均免於不義不法。但是，該結合也是唯一的、吾人始原負有服從義務的『人為權力』。因為任何其他人的意志均可能對吾人行不義不法之事。」（康德國家哲學大綱第五條）

然而，假如國家不能有效保障人民的權利，甚至侵犯人民的權利，則人民是否可以反抗國家，以革命推翻現政權？康德雖然同情被壓迫的人民起來革命，例如他曾將法國大革命稱為一個「神聖事件」（heiliges Geschehen），卻不鼓勵革命。因為革命後的新政權不見得比舊政權合法，更何況通過暴力革命取得政權的集團或個人往往也以暴力維護自己的政權。其次，歷史經驗告訴我們，革命往往無法在短期內結

束，而是經常延續一段相當長的時期。在這段時期內，一方面革命勢力推翻不了政府，另一方面政府也消滅不了革命勢力，這種混亂的內戰狀態實無異於回復到野蠻的自然狀態。在自然狀態中，每個人的權利都缺乏法律的保障，只能靠自己的拳頭來維護。這種失權狀態比任何形式的專制統治還糟糕，人民的自由、身家、性命毫無保障。

康德對「革命權」的看法

康德尤其反對把革命當作一種「權利」。因為倘若承認「革命權」，則邏輯上必將導致任何失敗的革命都不應該受到懲罰，這種情形是任何一個理性的法律秩序所難以設想的。其次，承認「革命權」意味著人民有權判斷統治者的統治方式是否合法，並有權強制統治者採行人民所認為合法的統治方式，這無異於承認人民有比統治者更高的權威。如此一來，統治者就不成其為統治者，反倒是人民凌駕於他們本應服從的統治者之上，這無疑與組成國家、設立統治者的初衷相矛盾。再者，承認「革命權」將從根本上摧毀國家存在的基礎。因為承認「革命權」就是承認人民仍然有權使用私人暴力來貫徹自己私人意志所下的權利判斷，這無疑違背了始原契約的精神——所有人放棄使用私人暴力，共同服從於以公共暴力為後盾的普遍意志所下的權利判斷。因此，耶賓

浩斯說：「任何一個事實上統治人群的最高權力，基於權利的關係，不得由其被統治者以暴力予以廢除。因為最高權力依存於其國民個人的『權利判斷』的原則，將使得任何國家意志的建構不可能。」（康德國家哲學大綱第六條）換言之，一旦承認「革命權」，就是承認廢除國家、重返自然狀態的正當性，也就動搖了國家存在的必要性，而使國家所建立的法權狀態處於隨時可能解體的危機中，這無疑違背了純粹實踐理性的要求：永遠擺脫野蠻的自然狀態，進入一個在公權力支持下才有可能的法權狀態。因此，康德說：「人民對國家最高立法者的合法反抗是不存在的；因為只有服從於他的普遍立法意志，一個法權狀態才是可能的。」（引自《法學的形而上學原理》第四十九節後附錄Ａ）

正因為革命摧毀了一切法權狀態，使人們陷入以暴易暴的失權狀態，因此康德認為革命是一件最嚴重的罪行。康德尤其譴責一六四九年的英國革命和一七九三年（於法國大革命之後）公開處死英王查理一世和法王路易十六，他認為這種行為比謀殺君王還惡劣。因為後者仍然在「原則」上承認人民服從國家權力的義務，只不過把這一次謀殺君王的行為當作一次「例外」。前者卻公然推翻人民應該服從國家權力的原則，聲言摧毀法權狀態的正當性，因而使法權概念喪失其應有的意義與效力，所以是一個永遠不可原諒的罪惡。其實，康德認為，革命者之所以主張處死國王，根本不是基於任何

崇高的權利信念，而不過是出於自我保存的恐懼而已；他們害怕君王有朝一日復辟，有可能對其進行報復，因此不如先下手為強，處死國王，以絕後患。

總之，康德認為，為了追求一個更合理的法權秩序，吾人不應寄望於革命。因為「經由革命，個人的專制以及貪婪心和權勢欲的壓迫固然可以一掃而空，但絕不會出現思維方式的真正改革，而是新的成見將和舊的一樣，成為駕馭沒有思想的廣大人群的助行帶（按助行帶原文為Leitband，即指提攜幼童學步之布條）。」（引自〈答覆這個問題：何謂啓蒙運動？〉）康德堅信，只有在原則上承認現政權合法性的基礎上，有計劃地、有步驟地且有耐心地持續推動改革，國家才能不斷朝純粹共和的理想邁進。而言論自由則是促使改革持續進行的有效保證。康德說：「羽毛筆的自由……是人民權利的唯一守護神。」（引自《論俗語：這在理論上可能是對的，但在實踐上不適用》）所謂「羽毛筆的自由」即指言論自由。康德認為，只有保障言論自由，藉此推動人民思維方式的改革，亦即鼓勵每個人勇於獨立思考，勇於運用自己的理性，而且是公開地運用自己的理性，讓每個人都把自己內心對公共事務的見解公開講出來，寫出來，並進而接受他人的評論，以形成一個公開討論問題的言論市場，才能在充分的討論和理性的論辯中，找出國家制度上有哪些不合理處，以及這些不合理處應該如何改善的有效改革方案。

「羽毛筆的自由」與「不服從的義務」

　　康德認為，這種公開運用自己理性的言論自由，原則上應該保持在對國家忠誠的限度內。康德認為，任何一個正直的國民都可以假定，國家領導人所做所為都是為人民好。因此，當他發現施政的弊端時，可以推定這決非國家領導人的本意，因而提出一些興革意見，乃是再自然不過的事。如果國家領導人制止這種「羽毛筆的自由」，那無異自認為是全知全能，永不可能犯錯，而這卻是對上帝的褻瀆。換言之，一切改革原則上應該在既有體制內推動，亦即在服從國家權力的條件下進行。而國家也應尊重國民的「羽毛筆的自由」，否則國民的「內在的我的和你的」（das innere Mein und Dein）勢將成為不可能，這也就是剝奪國民天賦的自由，使其不再可能成為一個真正自由的人，亦即道德的主體，則原來國民對國家的服從義務馬上中止，並轉化成為不服從的義務。誠如耶賓浩斯所說：「假使國家下令，使得其國民原則上成為喪失權利的狀態，原先對現實存在的國家的服從義務馬上中止，且該服從義務也轉化成為不服從的義務。」（康德國家哲學大綱第七條）「同樣地，吾人對國家有不服從的義務，假使國家下達命令，而該命令的實行使得吾人原則上不再可能成為道德存在者。」（康德國家哲學大綱第九條）這種不服從的義務是純粹實踐理性為維護「人性的權利」（Recht der Menschheit）

——即人不能只被當作工具來利用，而是始終必須同時被看作目的來對待——的必然要求，因此是一個無條件的義務。所以耶賓浩斯說：「此不服從的義務乃是一無條件的——奠基在內在於每個人人格的『人性的權利』上的——義務。縱然有身體或生命的危險威脅著，吾人也不能免除此義務。」

（康德國家哲學大綱第八條）

然而，即使在這種情況下，康德還是反對暴力革命，而是主張經由有識之士的鼓吹，喚醒全體人民的權利意識，呼籲所有人民拒絕服從國家權力，從而以和平的方式使國家失去一切自願的支持。誠如耶賓浩斯所說：「每個公民有義務維護此國家目的。假使現存的國家與此權利保障的目的相矛盾時，則每個人均負有義務——縱然對吾人自身有危險——去散播廢除這種國家權力之必要性的見解；每個人均負有義務去促成現存國家失去一切自願的支持，並從而去除該暴虐權力的根源。」（康德國家哲學大綱第十條）

報應主義的刑法思想

在國家法的領域，康德還論及刑法。康德認為，刑罰應該貫徹正義的理念，而最能體現正義理念的刑罰原則就是平等原則（Prinzip der Gleichheit），也就是報應原則（Prinzip der Wiedervergeltung）。根據報應原則，刑罰是對犯罪的公正報

應。換言之，刑罰必須以犯罪爲前提，不但無犯罪即無刑罰，而且有犯罪應處刑時，刑罰的種類與程度也必須與犯罪的輕重相當。康德認爲，處刑時不能爲了促進另一種善，如犯人的福祉或社會的利益，而犧牲報應的原則。舉例來說，對於有反社會行爲的人，只要其行爲不構成犯罪，就不可爲了矯正其反社會行爲或維護社會治安，而對其科刑。再如，當某人犯了死罪，就應依法處死，不可爲了促進醫學的進步而與他約定：在他身上進行某種可能危及其生命的醫學試驗，倘若他僥倖不死，便許諾他免除死刑。因爲「如果正義沉淪，則人活在世上就不再有價值。……如果正義可以和某種對價交換，則正義就不成其爲正義了。」(引自《法學的形而上學原理》第四十九節後附錄 E)

　　康德這種思路與當代的罪刑法定主義可說不謀而合，這種以正義理念和報應原則爲核心的刑罰理論被稱爲正義理論（Gerechtigkeitstheorie）或報應理論（Vergeltungstheorie），有別於「一般預防理論」（generalpraeventive Theorie)和「特別預防理論」（spezialpraeventive Theroie)。前者認爲刑罰的目的在於威嚇社會大眾，而產生嚇阻犯罪的預防功能；後者則主張刑罰的目的在於教育或矯治犯人，使其能夠再度適應社會共同生活而不再犯罪。其實，報應理論所主張的，以刑罰貫徹正義，才是刑罰的本質。一般預防理論和特別預防理論固然可以補充或修正報應理論，卻不可以取代報應理論作

為刑罰的最高原則。否則，一旦以「預防」取代「報應」，則正義將不時地被其他考慮所犧牲，而完全喪失其應有的無可取代的理想性。

根據報應的原則，一個人對他人犯罪，便是對他自己犯罪。舉例來說，對誹謗他人名譽者，應該施以能使其名譽遭到相同損害的處罰，如判決他當眾向受害人道歉或親吻受害人的手等等。至於殺人者，則應處以死刑。在康德那個時代，意大利法學家貝卡利亞（Beccaria, 1738-1794)曾主張所有的死刑都是不合法的。他認為，死刑不可能包括在始原契約中，因為沒有人願意毀滅自己的生命。康德認為，貝卡利亞的主張根本曲解了法權的真義。吾人之所以主張對殺人者處以死刑，絕不是因為他「願意」受刑，而是人的理性要求所有人都應該尊重他人的生命，倘若有人違反，為了貫徹正義，便「應該」處以死刑。康德甚至主張，即使當一個國家即將瓦解時，如果監獄裡還有死刑犯，為了貫徹正義，仍應該處死他們。

康德在嚴格堅持以死刑作為殺人犯的報應刑之餘，卻也主張有兩種殺人行為可以不處死刑。其一是軍人在決鬥中殺人；其二是母親殺害非婚生子女。康德認為，這兩種行為出於軍人與婦女的榮譽感，軍人與婦女把捍衛自己的名譽看作一種神聖的義務，為此甚至不惜犧牲自己的生命，因此可以不處死刑。針對母親殺害非婚生子女，康德更主張，非婚生

子女就像違禁的貨物一樣不受法律的保護，因此對彼等的殺
害不能像其他殺人行為一樣處理。其實，康德的這種看法違
背了他自己在論述私法權時要求把未成年子女當「人」看待
的主張：「被生出來的是一個『人』……父母不能把他們的
孩子好像當成他們的製造物（因為一個製造物不可能是被賦予自由的
存有者）和他們的財產一樣毀滅。」（引自《法學的形而上學原理》第
二十八節）

永久和平與世界國

　　康德認為，在外部行為上可能互相影響的一群人，應該
擺脫人人各行其是的自然狀態，進入所有人共同服從於公法
權律則──即「國家法」（Staatsrecht）── 的國家狀態，
這固然是純粹實踐理性的必然要求。然而，理性的要求不止
於此。因為即使地球上所有人都進入了國家狀態，但是國與
國之間的交往若無共同的外在律則可資依循，則國家之間仍
將處於自然狀態。國家之間的自然狀態就像人與人之間的自
然狀態一樣，是一種「戰爭狀態」（Kriegszustand）。每個
國家都不惜使用武力來維護或獲取自己的「權利」，然而這
些「權利」都只是暫時的（provisorisch），沒有一樣「權利」
能獲得確保，因為它們隨時可能被其他國家侵犯或奪取。從
純理的法權概念──即依據律則和諧並存的所有人的外在自

由——來看,這種無律則的戰爭狀態無疑是一種最大的不法。因此,純粹理性必然要求吾人,擺脫戰爭狀態,建立一個有秩序的「法權狀態」(rechtlicher Zustand)。在法權狀態中,國家之間的權利爭議不再訴諸戰爭(Krieg),而是經由文明的訴訟程序(Prozess)解決。也只有在法權狀態中,每個國家的權利才能獲得確保,亦即由暫時的成為確定的(peremtorisch)。由此可見,法權狀態乃是一種永久的「和平狀態」(Friedenszustand),也就是不只停止一場戰爭而已,而是結束一切戰爭的「永久和平」(ewiger Frieden)。

「永久和平」作為一個理性概念,儘管不能馬上實現,甚至難以實現,但是理性始終課吾人以義務,應該不斷地為促進永久和平而努力。為此,所有國家在互相交往的關係中,即使在一時還未能完全禁絕的戰爭中,都應該遵守某些共同的公法權律則。這些公法權律則即是「國際法」(Voelkerrecht)和「世界公民法」(Weltbuergerrecht)。國際法涉及國家開戰的權利(Recht zum Kriege)、戰爭中的權利(Recht im Kriege)以及戰後的權利(Recht nach dem Kriege),亦即要求停止戰爭、簽訂和平條約(Friedensvertrag)、乃至建立和平聯盟(Friedensbund)的權利等等。世界公民法則涉及世界國(Voelkerstaat或Weltrepublik)——即地球上所有國家結合而成的法權共同體——的理念。

就國際法而言,康德認為,在國家之間的自然狀態中,

當一個國家認為它的權利被其他國家侵害時，便有開戰的權利，亦即可以使用武力來維護自己的權利。因為在國家之間的法權狀態建立以前，國家之間的權利爭議不可能經由和平的訴訟程序解決，而只能訴諸戰爭。然而，交戰時必須遵守一定的原則，不能不擇手段，否則會使未來法權狀態的建立成為不可能。戰爭中的權利便是涉及交戰時所應該遵循的原則。這些原則包括戰爭不能是懲罰性戰爭（Strafkrieg），亦即一個國家自以為是正義的一方，以武力懲罰其他國家，因為戰爭本來就是訴諸武力以決定是非曲直，誰勝利，誰就是正義的一方。因此，不可能在交戰前就已經確定誰正義、誰不正義，所以不可能存在正義者對不正義者的懲罰性戰爭。其次，戰爭也不能以消滅敵國為目的。因為戰爭應該只是在自然狀態中的國家為了貫徹自己的權利主張所不得不採取的手段，不能單純為了擴大自己的力量或威脅其他國家的生存而進行戰爭。在戰後的權利方面，康德強調，戰勝國無權使戰敗國淪為自己的殖民地，也不應將戰敗國的人民貶為奴隸。否則這就是一場懲罰性戰爭。

關於開戰、戰爭中及戰後的權利，康德在《法學的形而上學原理》中均有詳細的論述。其實，在《法學的形而上學原理》問世之前，康德已發表《論永久和平》一文，提出六條永久和平的預備條款（Praeliminarartikel）及三條永久和平的確定條款（Definitivartikel），闡述國家在國際交往中為邁

向永久和平所應該承擔的義務。永久和平的預備條款全屬禁止受規範者爲某特定行爲的「禁止規範」（leges prohibitivae）；反之，永久和平的確定條款則屬命令受規範者爲某特定行爲的「命令規範」（leges preceptivae）。此外，這六條永久和平的預備條款及前兩條的確定條款屬於國際法的範疇，涉及康德後來在《法學的形而上學原理》中所闡述的開戰、戰爭中及戰後的權利。至於最後一條的確定條款則屬於世界公民法的範疇。

國際法

永久和平的預備條款的第一條是：「締結和平條約不應秘密保留有導致未來戰爭的材料。」（引自《論永久和平》，以下各條亦然）若非如此，則締結和約將只是暫時停戰，亦即推遲交戰行動而已，遑論追求終止一切敵對行爲的永久和平。預備條款的第二條是：「沒有一個自身獨立的國家（無論大小，在這裡都一樣）可以由於繼承、交換、購買或贈送而被另一個國家所取得。」國家在國際法上是具有獨立人格的主體，而不是一種物或財產。把一個國家併入另一個國家，就是取消這個國家的獨立國格，這無疑違反了國際法。例如經由兩國王室的聯婚，或是經由一個國家的國王繼承另一個國家的王位，而將兩個國家合併爲一個國家。預備條款的第三條是：

「常備軍應該逐漸地全部加以廢除。」否則，國家之間的軍備競賽將使得和平的實現遙遙無期。預備條款的第四條是：「發行國債不應著眼於國家的對外爭端。」康德認為，為了國家經濟而尋求國內外的援助固然無可厚非。但是，以進行對外戰爭為目的的舉債卻構成和平的一大障礙。因為藉由舉債，國家可以較容易地在短期間內取得戰爭所需的巨額費用。

預備條款的第五條是：「一個國家不應以武力干涉其他國家的體制和政權。」康德認為，當一個民族打算強迫另一個與其相鄰、但生活方式不同的民族接受其生活方式時，例如游牧民族強迫農業民族去游牧，這另一個民族當然可以反抗。因為每個民族都有權過自己所選擇的生活方式。此外，如果既非出於自然的原因，也非由於偶然的因素，而是我們自己的意志把我們帶進與另一個民族相鄰的關係中，例如歐洲人進入北美而與當地的印第安人發生關係，當這個民族不答應和我們進入一個共同的公民聯合體時，我們是否可以使用武力，或利用他們的無知，誘騙他們出賣土地，來建立殖民地，而強把他們帶進法權狀態中？康德認為當然不可以。康德嚴厲譴責殖民政權為了使自己的暴力行動合理化，常編造出各種動聽的藉口，例如被他們殖民的野蠻民族因此而開化等等。康德認為，這些藉口再怎麼動聽，也永遠洗不淨使用不合法、不正義的手段去獲取殖民地的污點。

　　預備條款的第六條是:「一個國家在與其他國家作戰時,那些必然使未來和平中的互相信任成為不可能的敵對行動都不應被容許:例如派遣暗殺者、放毒者、破壞降約、在交戰國中教唆叛國等等。」康德認為,這些陰險的手段會破壞人與人之間最基本的信任,而使和平的希望化為泡影。在這六條永久和平的預備條款中,第一、五、六條應該立即履行而不容許有例外;第二、三、四條雖然不能馬上做到,也應該持續不斷地促其早日實現。

　　至於永久和平的確定條款,第一條是:「每一個國家的國家體制都應該是共和制。」康德認為,採行共和制有利於避免戰爭、促進和平。因為在一個共和制的國家裡,開戰必須得到公民或其代表的同意。既然戰爭對公民極為不利,例如他們必須參戰、必須繳納更多稅款以支應戰爭費用,因此對於是否開戰,他們自然深思熟慮。相反地,在一個專制國家裡,開戰與否取決於統治者。既然戰爭幾乎不會給統治者帶來痛苦,因為上戰場的以及負擔戰爭費用的並不是他,而是其臣民,他可以絲毫不受影響地過著逸樂的生活,因此往往容易輕率地做出開戰的決定。

　　永久和平的第二條確定條款則是:「國際法應該以自由國家的聯盟(Foederalism freier Staaten)為基礎。」根據純粹實踐理性的要求,國家之間的交往應該擺脫戰爭狀態,進入和平狀態。為了進入和平狀態,簽訂和平條約

（Friedensvertrag）是不夠的，因為和平條約只能結束一場戰爭。只有建立和平聯盟（Friedensbund），才能結束一切戰爭，邁向永久和平。這種和平聯盟乃是兩個或兩個以上的國家，為了維護彼此的權利與自由，互相約定遵守共同的外在律則，並約定在發生權利爭議時，不靠戰爭，而經由訴訟程序解決。然而，它們所共同遵守的外在律則並不是一種強制律則。換言之，不但它們之間是平等的，在它們之上也沒有一個更高的權威足以強制他們遵守律則。它們遵守律則係完全出於自願。它們可以隨時退出這個聯盟，甚至解散它。由此可見，這種和平聯盟乃是自由國家的聯盟，亦即自由聯盟（freier Foederalism）。由國家所組成的自由聯盟並不同於由個人所組成的國家。當個人組成國家時，個人之間是平等的，但是個人之上還有一個更高的權威，即國家。

世界公民法

其實，按照永久和平的理念，為了實現地球上所有國家及所有人外在自由的和諧並存，地球上的所有國家應該建立一個「世界國」（Weltrepublik），就像個人組成國家一樣。這個世界國應該建立自己的立法權、行政權和司法權。所有國家都應該遵守世界國的立法權所制定的外在強制律則，並服從世界國的行政權所發布的命令以及世界國的司法權所做

出的裁判，就像個人應該服從國家權力一樣。然而，「世界國」的建立畢竟只是個崇高的理想，吾人實不可能期待它馬上實現。於是吾人只得退而求其次，致力於建立自由國家的聯盟，並努力促使更多的國家加入這個聯盟，以不斷趨近永久和平。

永久和平的第三條確定條款則涉及了世界公民法：「世界公民法應該以普遍的友好（allgemeine Hospitalitaet）爲條件。」如前所述，康德認爲，地球上的所有國家應該結合起來，組成一個世界國，以擺脫野蠻的戰爭狀態，進入永久的和平狀態。每個人作爲世界國的公民，都有要求他人對他友好的權利。這裡所說的「友好」（Hospitalitaet）不是一個仁愛或倫理的原則，亦即並非要求人應該發自內心關懷別人；而是一個法權的原則，即指一個人來到一塊陌生的土地時，有要求當地居民不在行動上敵視他的權利。康德認爲，由於地球最初是由全體人類所共同佔有，因此，每個人都有對世界任何地方的訪問權（Besuchsrecht），也都有權要求世界上的任何人對他友好。這種訪問權有別於作客權（Gastrecht）。作客權是要求居住在他人土地的權利。訪問權只意味著一個世界公民有權要求與其他世界公民進行友好的交往。只有不斷追求人與人之間的普遍友好，才能持續朝向永久和平的理想邁進。

總而言之，對康德來說，國家是一群人爲了保障自己的

權利所結合而成的法權共同體（Rechtsgemeinschaft）。國家並非獨立自在的客觀精神，它本身絕非目的，而只是保護人權的工具而已。換言之，沒有人，就沒有國家。另一方面，國家的本質也絕非階級壓迫的工具；相反地，它還是所有人的外在自由能夠依據普遍律則和諧並存所不可或缺的制度。沒有國家，自由只是野蠻的自由，權利只是強者的利益。只有在國家權力的保障下，人才能擁有合乎律則的自由，才能確保自己應有的權利。換言之，只要有人，就需要國家。因此，吾人不但不應該期待國家在未來的歷史進程中消亡，還應該持續推動國家體制的和平改革，使國家不斷朝「純粹共和」的理想邁進。然而，康德的國家哲學並不止於要求建立合理的國家秩序而已，他還進一步要求建立一個合理的國際秩序：國家之間應該走出野蠻的戰爭狀態，建立有秩序的和平狀態。這種和平狀態不只是停止一場戰爭而已，而是結束一切戰爭的永久和平。地球上的每個人、每個國家都應該持續不斷地爲追求、趨近永久和平而努力。只有在永久和平中，地球上所有人和所有國家的外在自由才能獲得確切的保障。

附 錄

評朱著《康德的人權與基本公民權學說》

評論者：卡瓦拉（Georg Cavallar）

（奧地利·維也納）

　　本文係針對朱高正於一九九〇年由德國哥尼斯豪森及諾伊曼出版社所發行的著作《康德的人權與基本公民權學說》所作的書評。原載於全球最具權威之哲學專業雜誌《康德研究季刊》（一九九二年第二季）。作者爲奧地利學者卡瓦拉（Georg Cavallar）。本書評原以德文發表，由朱高正譯爲中文，並經其業師黃振華教授逐句審斟定稿後，刊載於一九九三年第二季出版的《哲學雜誌》（臺北發行）。

　　朱高正以一亞洲學者的身份，其著作能如此爲世界最權威的哲學刊物正面評論，殊屬難得。整篇評論所述，對該書極盡推崇，且將之與當代三位康德法權哲學巨擘之著作並列爲研究康德法權哲學之必備作品。國人知悉朱高正的學術造詣在國際上所得到的肯定與嘉許，當與有榮焉。

朱高正（著者）：《康德的人權與基本公民權學說》，一百九十五頁。知識論，威茲堡學術哲學系列，第八十冊，一百九十五頁。哥尼斯豪森及諾伊曼出版社，德國威茲堡，一九九○❶。

誠如第一章〈導論〉（頁9-20）所揭示，朱高正以其於一九八五年向波昂大學所提博士論文，加入當前康德法權哲學批判性格的討論行列。除相關論證外，作者特別駁斥文化相對主義，渠等主張人權受制於歷史條件，認爲人權乃是十八世紀政治啓蒙運動的產物。天賦的權利（ius connatum）該當被詮釋爲一種先天的理性概念，康德人權清單的有效性則應「不可動搖地予以捍衛」（頁16）。朱高正撇開文化相對主義問題，以令人信服的論證指出，康德將天賦人權立證於「人性理念」（homo noumenon）之中（頁17）。作者在其有關康德人權學說的研究中，對——康德在其問世著作中僅提及九次，而從未精確定義過的——「人權」術語做了一番廣泛而深入的創造性研究，過去惟獨耶賓豪斯（Julius Ebbinghaus）在一九六二年曾對此一課題發表過一篇論文。

第二章（頁21-35）係針對康德法權哲學，亦即「自由之外部運用的形上學」（法權哲學，導論A：參照頁31），做一般性介紹。與道德律一樣，嚴格意義的法權理念，也具有先驗特徵。

---

❶ 本篇書評係在維也納促進學術研究基金會所資助的研究計劃下完成。

然而與道德律不同的是，嚴格意義的法權理念具有強制力、外在性與否定性，因為法權理念與內心立意無關，並且也排除目的設定（頁34）。

第三章（頁36-91）充分運用「康德人權學說的原始資料」，特別是手寫遺稿與授課筆記。從而各式各樣的定理之發展，變得一目了然。朱高正尤其專注於烏爾比安（Ulpian）的準則（即「勿傷他人」，「各得其所應有」與「做正直的人」），內在法律義務的概念，以及法權與倫理的分際。作者認為，這三個課題羣是「詮釋康德人權思想之鑰」（頁37）。瑞特（Christian Ritter）有關康德早期法權哲學的劃時代著作遭作者批評，謂其僅侷促於處理到一七七五年的資料，人本身即是目的的學說出現於八十年代，至於自我強制的學說則要到九十年代才成形（頁38）。在曼徹（Menzer）所編的倫理學講義中，康德將烏爾比安的三個準則視為「道德公理」，尚未承認內在法律義務（頁50-51）。對自己的義務固然被凸顯有其重要性，但卻都毫無例外地被界定為倫理義務。在費爾阿本（Feyerabend）所抄寫的自然法授課筆記（1784），康德首次提及對自己的義務，並區分「人性的權利」與「人的權利」（頁41-61）。

維吉蘭提烏斯（Vigilantius）筆記（1793-1794）將內在法律義務，即「在我們自身人格中之人性的權利」，批判地建立在人之雙重性格命題中。在我們自身人格中之人性（homo noumenon）是為有約束力者，而在現象界中的人（homo phaenomenon）則為受約束者，存在於這兩者間的強制關係，作者稱之為「超驗的」（頁61-78；參照頁92-93）。「人性的權利」的特色在於其係非交互，而「只」是片面的強制（頁71）。由是，康德法權哲學的「理論漏洞」因自我強制，以及與此相關連的內在法律義務兩概念之引進，而得以彌補（頁62）。在〈九十年代道德形上學先期論著〉一節中，作者終於釐清權利概念與斷言令式間之關係（頁78-91），並將「人性的權利」劃歸道德哲學，即廣義的實踐哲學（頁83-84）。

　　第四章〈康德的人權學說〉是本書的核心部份（頁92-131）。朱高正藉著區分「人性的權利」與「人的權利」來建立康德的人權學說。Menschheit（人性）這個術語，如作者駁斥耶賓豪斯所述，並非指經驗的集體（人類），而是指「理想的人格，……是純理而且超感性的」（頁99）。「人性的權利」是「人的權利」之基礎，而後者是指人與人之間的法權關係。藉助於散頁的 E 19，朱高正重構《道德形上學》一書中康德對「法權哲學的分類」：康德之批判自然法必得以「人性的權利」為其基礎與最高原理，因為縱令是私法權與公法權也要「透過將對別人的法律義務納入對自己的法律義務之中」而導出（頁107）。

　　天賦的權利與「人性的權利」並非疊合，前者乃是「人性的權利」之外部運用，而隸屬於內在權利（參照頁110-112）。

做爲外在權利，天賦的權利與他人有關，而與自己無關（頁114）。天賦的人權又是「一切取得的權利之必要前提」（頁130），所以也是「康德法權哲學的基石」（頁180）。天賦的人權固然「能」經由法律行爲具體化爲取得的權利，但前者卻獨立於後者。

康德對人權的立論表現在其前兩大鉅著：《純粹理性批判》，因爲康德從區分人的經驗性格與睿智性格出發；《實踐理性批判》，因爲做爲目的本身之人的尊嚴學說亦構成批判法權哲學的基礎（頁115-118；參照頁179）。康德對人權的貢獻不在於「發明」這些人權或另列一份新的清單，而在於對人權的系統化，亦即對人權提出無懈可擊而完整的立論（參照頁120-121）。

第五章〈建立公共正義，以基本公民權保障人權〉（頁132-177）亦如同第二章一般，以通論方式介紹康德國家法學。朱高正論證人權既是公法權（頁133），也是「純粹共和」的指導原則（頁149）。人權到底如何由國家且在國家中予以保障？作者特別集中在兩個論題：一爲康德對「走出自然狀態」這個公設的論證；一爲康德的共和主義。康德對民主政治的嚴厲批評在歷史上遭到「錯置」：康德不贊成古雅典的直接民主，那時「行政權涵蓋立法、司法兩權，乃取決於在市場聚集公民的偶然多數」（頁145）。

在論述「基本公民權乃是強制性公法所保護的人權」（頁

150-165）時，朱高正遭遇到一個眾所周知的老問題，此即公民「獨立自主」——乃「經濟上免於他人的恣意」（頁152）——可否賦予「先天原理」地位的問題。作者固然先爲康德與耶賓豪斯辯護（頁158），並嘗試以「法目的論」重構康德的論證（頁161-162），但隨即申論，要求公民在經濟上必須獨立自主，和法權上的自由與平等互不相容（頁163-164）。

　　對康德法權哲學長期遭到忽略的領域，朱高正以其研究做出了一項開創性的成果。其論證令人信服，而從康德的先期論著與授課筆記中，取材允當，尤見高明。作者對康德法權哲學批判性格的探討，貢獻甚鉅。對這個領域的專家而言，本書與克爾斯汀（Kersting）、荷弗（Hoeffe）以及慕候蘭（Mulholland）等人的著作，同屬必備。

　　　　　　　　　　——《哲學雜誌》一九九三年四月

批判的哲學與哲學的批判

——跋朱高正《康德四論》

　　本書作者臺灣朱高正先生在國內主要是以社會活動家知名，似乎作爲學者的朱先生反而多少被他社會活動家的盛名所掩。這裡的《康德四論》一書是他就前年在北京大學一系列的講學內容彙爲一集，即將由臺灣學生書局出版。讀者於此不但能更全面地看到作者本人的學術與思想，同時也會更深一步地了解到哲學家康德的哲學全貌。這是值得慶幸的事。

　　就我所知，中國學術界接觸到康德哲學迄今爲止恰好整整一個世紀。最早是二十世紀之初，梁啓超在日本寫了大量介紹西方學說的文章，其中有一篇就是論述〈近世第一大哲康德〉的學說的。與此同時，王國維也正在日夕浸沉於康德的著作之中，他有關這方面的工作收入在他早期的《靜安文集》中。他是中國最早正式攻研並紹述康德哲學的人。但後來王先生轉治文學、史學而放棄了哲學研究。隨後西方思想學說大舉被介紹給中國，大學的哲學系已開始講授康德哲

學。可惜的是，康德的大著《純粹理性批判》一書迄無一部真正可讀的中譯本。這部書在上個世紀的三十年代已先後有胡仁源和藍公武兩種譯本，但讀起來有如天書，簡直不知所云，中譯文比原文還要晦澀難讀，大概沒有人是從頭到尾讀完了的。一般講哲學史或思想史（尤其是政治思想史，如浦薛鳳的《西洋近代政治思潮》）自然免不了有論康德的專章，但中國人用中文寫的講康德哲學的專著，在二十世紀上半葉僅有鄭昕（秉璧）先生的《康德學述》一部，內容大致即是他在課堂上的講稿。任何讀哲學的人大概都會同意這樣一種看法：講哲學是繞不過康德這一關的，無論你同意他與否，你必須要過這一關。否則的話，就不免鬧出例如把智性認同於理性，把智性認識認同於理性認識之類的錯誤的笑柄。

及至四十年代早期我這一輩人作學生時，讀康德的入門書照例是《純粹理性批判》，讀的還是Meiklejohn或Max Mueller的英譯本，另外也參看N.K.Smith的《純粹理性批判釋義》一書作為導讀。有時候讀得有點暈頭轉向，就連什麼是constructive和什麼是regulative也搞不清楚，而且《純粹理性批判》一書中似乎還有那麼多的經院哲學的論證風格，使人感到悶氣。我曾有一次向老友王浩感嘆過：康德的書連王國維都讀不懂，我怕是沒有希望讀懂的了。他說：不能那麼說，我們的憑藉比王國維的要好。王國維不懂近代科學，所以他無法理解康德。確實，康德本人就明確地說過，他的思

想主要有兩個來源，有關自然世界的是牛頓，有關人文世界
的是盧梭。讀了牛頓和盧梭的書之後，確實覺得康德也不像
原來想像的那麼難以理解。

開始讀康德也曾聽人談過康德思想的重點乃在於其實踐
理性批判，而不在於其純粹理性批判。無論如何，看來似乎
他的《實踐理性批判》一書要比他的《純粹理性批判》一書
更好懂一些，而且還似乎更進一步地啓迪了讀者的認識：哲
學的論斷只能是純形式的，因爲唯有純形式的才有可能是普
遍有效的。當時已知牟宗三先生努力在把康德引入儒學。但
由於長期的閉關鎖國，無論是牟先生還是海外其他新儒家都
沒有可能接觸到。記得僅有一次與賀麟（自昭）先生閒談往日
哲學界的故事，賀先生提到，三十年代初牟先生在北大曾是
賀先生班上的學生。作爲四十年代初的學生，我們大多都沒
有接觸到過康德的第三批判和所謂的第四批判。

解放後至文革的大約二十年間，哲學界是奉斯大林的《辯
證唯物主義與歷史唯物主義》一書（其實是《聯共黨史》中的一節）
爲圭臬的，任何哲學都要放到這個尺度上面來加以審核：是
唯心論還是唯物論？是形而上學還是辯證法？只有按照這個
標準對前人做出一個鑑定，才算是研究，而成績也就僅限於
此而已。記得我譯帕斯卡爾（B.Pascal）的《思想錄》（Pensées）
一書寫了一篇序言，出版社拿給一位專家去審定，這位專家
看後大爲不滿地說：這麼一篇文章，連個唯心論、唯物論都

沒有說出來！似乎哲學研究者的工作並不是要研究哲學問題，而只在於爲哲學家鑑定成份，做出三榜定案。五六十年代哲學界的主要工作似乎就在於爲前人整理出一份排隊的名單。每一家思想的歸屬，就這樣都有了定案。然而對哲學問題本身的探討卻難以深入進行。要感謝馬克思、恩格斯經典著作中已對康德做了定論，所以康德幸免於被一棍子打死，雖則也沒有得到應有的重視。相當長的一段時期內，學術界似乎只有對哲學的歷史研究而沒有對哲學問題本身的研究。所謂哲學研究大抵是以考據箋注代替了義理探討。差不多二十年之間，有關康德的工作只有關文運（琪桐）先生譯的《實踐理性批判》和唐鉞先生重譯的《道德形上學探本》以及宗白華、韋卓民合譯的《判斷力批判》。韋譯部分號稱是譯自原文，其實全係由英譯本轉譯，而且連英譯本的錯誤也還譯錯了，使人不忍卒讀。此書足以代表康德晚年成熟的體系，實在大有重譯的必要，何況改革開放業已二十年，迄無一個可讀的譯本，未免令人遺憾。

六六年起文革風暴席捲神州大地，似乎已談不到讀書，更談不到研究；然而事實上卻又不盡然。我所知道的就不止一個例子。友人李澤厚兄的《批判哲學的批判》一書就是典型的一例。文革之初澤厚兄幸免於介入矛盾，實在是難得的幸運。隨後在幹校偷暇完成了此書。它不但是一部我國論述康德哲學的專著，而尤爲難能可貴的是，它表達了一個眞正

有思想高度的思想家的思想。很長時期以來，國內學術界似乎已經沒有思想家，要直到這時學人中間才有一位真正有自己思想的思想家脫穎而出，實在足以令人欣慰。畢竟中國思想界還在孕育著一派活潑潑的生機，並非是只有一片萬馬齊喑或萬馬齊鳴而已。此後，他一系列的著作一一相繼問世，幾乎是獨領風騷，風靡了神州大陸。一個人的思想總是與自己時代的背景相制約的，無論是同意或不同意他的思想或論點，但任何人大概都無法否認他的著作在中國學術思想史上的重大價值、影響和意義。

　　改革以後的二十年來，有關康德的著作又有了韓水法先生《實踐理性批判》的新譯本，承他賜我一冊，我閱後還曾向他提過一個小小的建議。此書最後結論那段膾炙人口的名言（即「日在天上，德在心中」之語）說到人心中的道德律時，原文為 "immer neuer"。關譯本此處作「天天在翻新」，然而「翻新」一詞在漢語中往往用於「花樣翻新」，頗具貶義；韓譯本作「始終新鮮不斷增長」，似稍覺費辭。我意以為此處莫若逕用古語「苟日新、日日新、又日新」，簡作「日新又新」，似較貼切。沈叔平兄譯康德《法的形而上學原理》一書也在同時問世。而此書竟為沈叔平兄一生絕筆。老學長齊良驥先生畢生專攻康德，數前年齊先生遽歸道山，而他所譯的《純粹理性批判》一書至今未見出版，誠為憾事。另外，頗為意外的則是在文革的百學俱廢的年代裡，卻竟然出版了

康德的《自然通史與天體理論》一書的中譯本（中譯名《宇宙發展史概論》，上海，1972），或許是因為恩格斯《自然辯證法》對它有過很高評價的緣故。以上譯文都談不到如某些人所要求的什麼明白流暢或通俗易懂。這裡面有內容問題，也有文體問題。翻譯的首要條件在於忠實於原文，不僅在文字上，而且也在文風上。十八世紀思想家們的文風往往冗長、沉悶、拗口，而其力度恰好就存於這種拗執厚重的文風之中。學術思想著作畢竟不是兒童文學或通俗讀物，而是往往要負載一長串的推論演繹。如果要求譯文簡單明白，那就最好不必讀學術思想的著作，還是去讀通俗讀物或兒童文學吧。試想如果把康德、黑格爾乃至馬克思都譯得通俗流利，那還是康德、黑格爾或馬克思嗎？我們也不應該這樣要求譯文。另外，老一輩的學者馮文潛（柳漪）先生和沈有鼎（公武）先生均對康德有深湛的研究。惜乎馮先生一生從不從事著述；沈先生著述極少且未曾提及過康德，若干年來幾乎不曾寫過什麼文章。老一輩的學人自重如此，遠不是當今動輒以炒作千萬言為其能事的弄潮兒所能望其項背的。

文革初期，自己並未投身於運動，甘當一個「逍遙派」，整整有兩年的時間蝸處家中陋室，偷偷又閱讀了康德的三大批判和三小批判（即《導論》、《探本》和《考察》），自我感覺較青年時別有一番會心之樂，遂逕直往下閱讀了他晚年的所謂「第四批判」，感觸甚深。康德晚年的思想，其興趣的重

點顯然有轉入人文（政治與歷史）方面的趨向。當時他已年逾
古稀，倘能假以時日，仍不是沒有可能寫出一部完整的第四
批判來。不過，目前已經傳世的這幾篇文字，已經足以構成
一幅第四批判的雛形了，是故卡西勒逕直名之爲「歷史理性
批判」。而自己卻竟然是在文革的動亂之初，方始有緣讀到
他這幾篇重要文字的。當時的感覺仿佛是柳暗花明、豁然開
朗；過去所讀過的一些歷史哲學的著作都不如他的這幾篇那
麼地深切著明。例如盧梭曾慨嘆過：要爲一個國家立法是那
麼艱難，必須是一個天使的民族而後可。而康德則反其道而
引申其義說：那並不需要有一個天使的民族，哪怕是一群魔
鬼也可以，只要他們有此智慧。這一論點表現出了何等之更
加高明的智慧！盧梭爲天使說法，另有的哲人在爲某一部分
人說法，而康德則是爲包括魔鬼在內的一切眾生而說法。盧
梭是要強迫使人自由（他們「無往不在枷鎖之中」），而康德卻更
躍進一層，直要使魔鬼成爲天使。這一思想的跳躍眞可謂青
出於藍而冰寒於水。這裡我們看到的是一個十八世紀的哲人
們所喜歡稱引的那種「世界公民」（Weltbürger）的面貌。
眞理是放諸四海而皆準的，康德哲學的先驗性更仿佛格外無
比地保證了它是俟諸百世聖人而不惑的。在這裡一個讀者在
一種仿佛是在受到了啓蒙（enlightened）的心情之下一定會
深刻地體會到的歌德的名言：「每個人都可以有自己的眞理，
然而眞理卻仍然是一個」（卡西勒：《盧梭、康德、歌德》，普林斯

頓，1963，頁97）。於是我就開始偷偷地進行翻譯，當時只不過是逃於空虛、聊以自娛而已，從未夢想到這有一天居然能出版。其後宣傳隊進駐，我被關入牛棚，苦中作樂遂不得不告中止。三年後，尼克松訪華，《參考消息》登了一條外電，說是新華書店又擺出了康德《純粹理性批判》和盧梭《社會契約論》，表明中國是不會廢棄人類文明的經典的。盧書原係拙譯。受到這則消息的啓發，幹校歸來後，我遂把康德的八篇論文全部重校過，加以整理，送交出版社，並逕以《歷史理性批判》爲書名。出版社方面卻認爲這不是康德的原名，遂正名爲《歷史理性批判文集》。然而不意一拖又是十有五年，直至一九九〇年才發行問世，誠可謂命途多舛。此後，我又譯了康德早年的《對優美感和崇高感的考察》（譯名作《論優美感與崇高感》），迄今又已六年，或者不久可以問世。日前清華大學九十周年校慶會上得晤老學長王玖興兄，因詢及由他主編的六卷《康德文集》。據他告我前三卷進行順利，而《純粹理性批判》一書，即是他的譯文。這是一位畢生精力盡瘁於德國古典哲學研究的學者。他的工作不但對他個人是一項深厚的回報，而且也是對我國學術界重大的貢獻。以上所談，僅限於大陸情況。關於臺灣，我所知甚少，只知道研究康德者，代有其人，本書作者朱高正先生即是其一。

純粹理性如果不經過一番自我批判，則其所得到的知識就只能是武斷的形而上學；同理實踐理性、判斷理性、歷史

理性也莫不皆然。然而在思想史上還不曾有人對歷史理性進
行過一番自我批判的洗煉。有之，應該說是自康德始。自然，
他也留下了一大堆問題，有些是帶根本性的（如歷史認識能力的
有效性），並沒有解決。有些論斷，也難以爲後世的讀者所同
意。不過這項自我批判的工作卻是歷史理性認識之不可或缺
的一項前導（Prolegomena）。康德奠定了一個體大思精的哲
學體系，人類的思想和文化只能是在前人已奠定的基礎之上
前進。如果眞的是徹底砸爛了一切舊文化、舊思想，人類就
只好是倒退到原始的蒙昧狀態。馬克思的無產階級專政學說
是指政治上的專政，不是思想上的專政。思想上的專政事實
上是不可能的，理論上是說不通的。難道你有可能專得一切
人都按你的想法去思想？

　　一切思想都只能是站在前人的肩膀上繼續前進。不過，
康德的《純粹理性批判》確實是不大好讀。我時常想，假如
我們讀康德能換一個順序，不是第一、第二、第三、第四，
而是反其道而行之，由第四而第三、第二以至於第一，或許
就更容易領會康德哲學的實質。今高正先生此書重點在於評
論康德的第四批判，頗有與鄙見不謀而合者，因而深感雖然
隔海兩岸，但心理攸同並無二致，頗有「逃空虛者，聞人足
音，跫然而喜」的欣慰。高正先生全書文思精密、深入淺出，
相信讀者當能由此領會到一個更眞實、更完整、也更容易理
解的康德。這應該說是功德無量的事。高正先生書成之後索

跋於我，我遂不揣簡陋，率爾操觚，僅贅數語如上。是爲跋。

何兆武謹記 2001 年初春

北京清華園

國家圖書館出版品預行編目資料

康 德 四 論

朱高正著. – 初版. – 臺北市：臺灣學生，2001
面；公分

ISBN 978-957-15-1086-6(平裝)

1. 康德(Kant, Immanuel, 1724-1804) – 學術思想 – 哲學

147.45   90011335

康 德 四 論

著　作　者　朱高正
出　版　者　臺灣學生書局有限公司
發　行　人　楊雲龍
發　行　所　臺灣學生書局有限公司
地　　　址　臺北市和平東路一段 75 巷 11 號
劃　撥　帳　號　00024668
電　　　話　(02)23928185
傳　　　真　(02)23928105
E - m a i l　student.book@msa.hinet.net
網　　　址　www.studentbook.com.tw
登記證字號　行政院新聞局局版北市業字第玖捌壹號
定　　　價　新臺幣二八〇元

二〇〇一年八月初版
二〇一三年四月初版二刷

臺灣 學生書局 出版
文化哲學叢刊